Aus Freude am Lesen

Max hat eine Krankheit, mit der er lernen muss zu leben. Er hat das Gefühl, der einsamste Mensch zu sein. Dabei ist da jemand, der den Auftrag hat, Max beizustehen. Der wundert sich sehr über die Menschen und ihre Unfähigkeit, sich helfen zu lassen. Und was unternimmt Max nicht alles für seltsame Experimente auf seiner abenteuerlichen Suche nach dem, was Trost – dieses altmodische Wort – sein könnte? Er geht voller Hoffnung und Skepsis allen Ratschlägen und Heilsversprechen nach, die Freunde und Fremde ihm mit auf den Weg geben. Er lässt sich hypnotisieren, trinkt mit einer Yogalehrerin Blumendünger, besucht diverse Wunderheiler und nimmt schließlich sogar Ballettunterricht. Und mit der Zeit begreift Max, was ihm wirklich helfen kann.

MAXIMILIAN DORNER, geboren 1973 in München, studierte Dramaturgie an der Bayerischen Theaterakademie und ist seitdem als Autor, Regisseur und Literaturlektor tätig. 2006 wurde bei ihm eine unheilbare Nervenkrankheit diagnostiziert. Diese Erfahrung beschrieb er in dem sehr erfolgreichen Buch »Mein Dämon ist ein Stubenhocker«. Maximilian Dorner lebt in München.

Maximilian Dorner

Mein Schutzengel ist ein Anfänger

Eine wahre Geschichte vom Trösten
und Getröstetwerden

btb

Seite 182: Caspar David Friedrich © Pushkin Museum, Moscow, Russia / The Bridgeman Art Library

Verlagsgruppe Random House FSC® N001967
Das für dieses Buch verwendete FSC®-zertifizierte
Papier *Lux Cream* liefert Stora Enso, Finnland.

1. Auflage
Genehmigte Taschenbuchausgabe März 2014,
btb Verlag in der Verlagsgruppe Random House GmbH, München
Copyright © der Originalausgabe 2012 beim Albrecht Knaus
Verlag, München, in der Verlagsgruppe Random House GmbH
Umschlaggestaltung: © semper smile nach einem Entwurf von
bürosüd° unter Verwendung von © Picsfive, jehsomwang, Galcka/
shutterstock
Druck und Einband: CPI – Clausen & Bosse, Leck
LW · Herstellung: sc
Printed in Germany
ISBN 978-3-442-74708-5

www.btb-verlag.de
www.facebook.com/btbverlag
Besuchen Sie auch unseren LiteraturBlog www.transatlantik.de

Ich ließ meinen Engel lange nicht los,
und er verarmte mir in den Armen
und wurde klein, und ich wurde groß:
und auf einmal war ich das Erbarmen,
und er eine zitternde Bitte bloß.

Da hab ich ihm seine Himmel gegeben, –
und er ließ mir das Nahe, daraus er entschwand;
er lernte das Schweben, ich lernte das Leben,
und wir haben langsam einander erkannt …

                              Rainer Maria Rilke

Einsichten eines Schutzengels

1. Manche Menschen eignen sich zum Beschützen eben besser als andere.

2. Die meisten Menschen gehen lieber unter, als sich helfen zu lassen.

3. Anscheinend verleitet auch die Hoffnung Menschen zum größten Quatsch.

4. Sobald ein Mensch anfängt nachzudenken, macht er aus einer Selbstverständlichkeit ein Problem.

5. Manche Menschen trinken sogar Blumendünger, wenn es so bequemer für sie ist.

6. Wenn ein Mensch zu viele gute Ratschläge bekommt, befolgt er am Ende gar keinen.

7. Manch einer flieht aus der Einsamkeit ins Alleinsein und merkt dann erst, wie verzweifelt er ist.

8. Einerseits wünschen Menschen sich ununterbrochen Wunder, aber wehe, jemand kommt ungefragt in einem vor.

9. Manchen Menschen hilft sogar Quark, allerdings nur wenn sie ihn eigenhändig verquirlt haben.

10. Menschen hinterfragen ihr Glück so lange, bis es weg ist.

11. Zu viel gute Erziehung schadet der Gesundheit.

12. Fußballer weinen nicht, selbst wenn ihnen danach ist – diese Memmen!

13. Manche Menschen stürzen, und andere stehen wieder auf.

14. Nicht wenige Menschen führt die Suche nach Glück auf Abwege, andere schlafen darüber ein.

15. Es gibt keinen Tänzer ohne ein schwaches Bein oder ein kürzeres.

16. Kaum ein Mensch merkt, wenn er einige Augenblicke lang schwebt.

17. Manche Menschen brauchen unendlich viel Zeit, um Geduld zu lernen, gerade wenn es um ihren Körper geht.

18. Die meisten Menschen brechen nur deshalb nicht zusammen, weil sie den Schmerz sonst nicht ertragen würden.

19. Wenn die Menschen wüssten, was sie alles in sich entdecken könnten, hätte keiner mehr einen Fernseher.

20. Einem Vollidioten sollte ein Rollstuhlfahrer ruhig mal in die Hacken fahren.

21. Zwei Menschen können sich gegenseitig sogar mit der Aussage trösten, dass es keinen Trost gibt.

22. Alle tröstenden Sätze hintereinander geben keinen Trost, sondern machen schwindlig.

23. Hin und wieder ist von außen unmöglich zu erkennen, wer eigentlich wen tröstet.

24. So eine Leber scheint vernünftiger zu sein als der ganze Mensch.

25. Bei vielen Menschen verhindert Scham selbst den einfachsten Trost.

26. Es ist wohl deutlich bequemer, andere zu heilen als sich selbst.

27. Manchmal ist die Lösung furchtbar simpel: Trost ist, eine Geschichte erzählt zu bekommen.

28. Ein Handschlag kann mehr Wunder bewirken als ein Heiliger in seinem ganzen Leben.

29. Bestimmte Menschen sehen den Trost vor lauter Tröstungen nicht.

30. Ein Heilungsangebot abzulehnen, macht manch einem richtig Spaß.

31. Ein Heilungsangebot anzunehmen, könnte manch einem jedoch noch mehr Spaß machen.

32. Einige merken erst im Kloster, was sie draußen vom Leben hatten.

33. Statt ein mickriges Apfelbäumchen zu pflanzen, kann man auch gleich eine Kathedrale bauen.

34. Ein Mensch ist dann rundum getröstet, wenn er nicht mehr über Trost nachdenkt.

35. Die Menschen fühlen sich immer so schwer oder so leicht wie die Welt um sie herum.

36. An der Seite eines Menschen vergeht die Zeit rasend schnell.

1.
Manche Menschen eignen sich zum Beschützen eben besser als andere.

Warum glauben manche Menschen eigentlich, man hätte jede Situation unter Kontrolle? Hätte immer eine Lösung parat, die nur aus dem Ärmel eines knitterfreien, fleckenlosen Gewandes geschüttelt werden muss? Und dann der Quatsch mit den Flügeln ... Man würde ja nicht einmal durch eine Tür passen, ohne sich anzustoßen.

Manche Menschen machen sich auch nicht klar, dass hin und wieder einer von ihnen übernommen werden muss. Möglichst ohne eine Sekunde Verzug. Ansonsten würde garantiert in diesem Augenblick etwas passieren. Als ob die betreffende Person einem genau im Moment der Übergabe Schwierigkeiten machen möchte. In so einem Fall läuft es halt nicht von Beginn an völlig reibungslos.

Deswegen kann man nicht lange herumdiskutieren, sondern muss akzeptieren, wer einem zugewiesen wird. Ob es einem nun passt oder nicht. Vorsichtig ausgedrückt: Um einen fast vierzigjährigen Schriftsteller mit einer schweren Nervenkrankheit, der aus allem sofort ein Buch macht, reißt sich keiner. Was kann bei so einem schon passieren, außer dass ihm mal der Bleistift auf den Zeh fällt oder sein Rollstuhl einen Platten hat?

Ganz ehrlich, ich hätte mir als Erstes ein Kind gewünscht, das über die Straße rennt, ohne nach links oder rechts zu sehen. Meinetwegen auch einen Drogenabhängigen, warum nicht? Einen, dem dann zufällig die tödliche Spritze aus den Fingern gleitet. Bei dem die Polizei unverrichteter Dinge wieder abzieht, weil sich der Name auf dem Klingelschild abgelöst hat. Nur so als Beispiel.

Aber Auftrag ist Auftrag, und selbst ein langweiliger besser als gar keiner. In diesem Punkt wenigstens stimme ich mit den meisten Menschen überein.

Max also. – Eigentlich heißt er Maximilian, aber ihm und seinen Freunden ist das zu umständlich. Mir auch.

2.
Die meisten Menschen gehen lieber unter, als sich helfen zu lassen.

In der Wiese stecken abgebrannte Fackeln, vor dem alten Zirkuszelt stapelt sich schmutziges Geschirr auf Biertischen, halb volle Weingläser stehen in Gruppen zusammen. Die letzten Gäste tragen die Speisen des Vorabends vom Buffet zusammen, toasten Baguettescheiben, Johanna schenkt Kaffee aus. An der Stirnseite der langen Tafel auf dem Holzbalkon sitzt einer im Rollstuhl, neben sich zwei Krücken, Max. Der ist es. Er wird von den anderen behandelt wie ein Prinz, dessen Inkognito aufgeflogen ist. Er kommt gar nicht nach, alles abzulehnen, was ihm hingehalten wird: Käse, gebratenes Gemüse, ein Hähnchenschenkel, Johannas geschändete Geburtstagstorte. Dabei schaut er immer wieder nach unten.

Neben dem Zelt funkeln Sonnenstrahlen im Wasser. Der Schwimmteich ist nur eine steile Holztreppe weit weg. Vierzehn kaum bewältigbare Stufen, zählt er. Immerhin an beiden Seiten ein Geländer, sonst wäre es vollkommen unmöglich. Da muss er hin, unter allen Umständen.

Nach dem Frühstück, die anderen Gäste sind zu einem Spaziergang aufgebrochen, nimmt Max die Krücken und stemmt sich daran hoch. Er spürt, dass Johanna ihn aus der Küche im Blick behält. Um ihr vorzugaukeln, dass er noch an etwas anderes als den Teich denken kann, bleibt er an der Brüstung stehen und schaut in das Tal. Sobald er jedoch Wasser in der Spüle plätschern hört, wirft er eine Krücke nach unten. Sie landet genau da, wo er sie haben möchte.

»Alles in Ordnung?«, fragt Johanna.

»Alles bestens, ich schaue mir mal den Teich an.« Er tut so, als wäre es das Selbstverständlichste von der Welt. Und nicht die größtmögliche Herausforderung an diesem Morgen.

Den Abstieg geht er mit dem Respekt eines erfahrenen Kletterers vor der Steilwand an. Ein falscher Tritt, und es ist vorbei. Er weiß das eigentlich und sagt es sich dennoch bei jeder Bewegung vor wie ein Mantra.

Die Planken der Umfassung des Beckens geben nach, so dass er sich auch dort konzentrieren muss. Nass wären sie für ihn nicht begehbar. Er ärgert sich für einen Moment darüber, seine Umgebung dauernd an den eigenen, sehr speziellen Bedürfnissen zu messen. Routiniert maßregelt er sich selbst: Das ist Johannas und Ulrichs Teich, sie können so rutschige Platten verlegen, wie sie wollen. Außerdem sind sie ja trocken.

»Du brauchst keine Badehose«, ruft Johanna von oben herunter. »Und wenn was ist, ich bin in der Küche. Schrei einfach!«

Selbst ein hungriges Krokodil könnte Max nicht davon abhalten, sich auf der Bank unter einer abgestorbenen Linde auszuziehen und nur mit den Krücken angetan bis an den Rand des Teiches zu tasten. Irgendjemand hat seine blaurote Luftmatratze liegengelassen, das Holz unter ihr ist noch dunkel von der Nässe. Er stupst sie mit einer Krücke aus dem Weg. Die drei Stufen ins Wasser sind so glitschig, dass er seinen Fuß sofort zurückzieht. So kommt er nicht hinein. Nach kurzem Überlegen schiebt er die Luftmatratze an die Kante und lässt sich darauf sinken, packt sein linkes Knie, als gehörte es nicht zu ihm, und taucht das Bein ins Wasser. Da er nichts spürt, fasst er auch mit der Hand hinein: lauwarm. Er wirft einen Blick hinauf zum Balkon und gleitet hinein. Aber da ist kein Grund! Reflexartig zieht er mit der einen Hand die Luftmatratze zu sich, während er sich mit der anderen abstößt. Jetzt müsste er schwimmen, jetzt müssten seine Beine sich beugen und strecken, so wie er es vor dreißig Jahren gelernt hat. Aber sie tun es nicht, sie hängen wie Senkbleie nach unten. Er ist zweigeteilt, oben ein Mensch und ab der Hüfte eine Marmorstatue.

Ich kann nicht mehr schwimmen! – Der Satz knirscht wie splitterndes Holz, etwas reißt in ihm auf. Max merkt es nicht einmal. Für den Moment ist er vollauf damit beschäftigt, nicht unterzugehen.

»Wenn du Hilfe brauchst, gib Bescheid!« Johanna steht winkend an der Balkonbrüstung.

Max sieht zu ihr hoch, schlagartig grinsend, und ruft: »Alles bestens. Das Wasser ist herrlich!«

Sie hebt beide Hände, lässt sie wieder fallen. Freut sich für ihn und verschwindet in die Küche.

Max rudert mit der Luftmatratze zurück an den Rand, zu den rutschigen Stufen. Während er sich mühsam herauszieht, denkt er: wie im Film, wenn die Schiffbrüchigen sich ermattet ans Ufer schleppen. Dort bleibt er erst einmal atemlos liegen, lässt die Luftmatratze davontreiben wie eine rettende Planke, die ihren Zweck erfüllt hat.

Nach dem Abendessen erzählt er es Johanna doch. Er gesteht sogar ein, dass es ihn schockiert habe, nicht mehr schwimmen zu können. Obwohl er es sich schon gedacht habe, so schlecht, wie es mit dem Gehen in den letzten Monaten geworden sei. Während er es sagt, kommt er sich vor wie jemand, der den Hinterbliebenen am Grab seine Trauer vorheuchelt. Denn ein Teil von ihm platzt vor Stolz, weil er es trotz allem geschafft hat: Er war in dem Badeteich. Auf gar keinen Fall darf irgendwer aus dem Vorfall schließen, er wäre dem nicht mehr gewachsen. Dafür ist Max sogar bereit, die Unwahrheit zu sagen oder die Wahrheit zu schönen.

»Dein Schutzengel hat es auch nicht leicht«, sagt Johanna.

Seine Antwort kommt wie aus der Pistole geschossen: »Mein Schutzengel ist ein Anfänger.«

»Ach so. Na, dann hättest du doch wenigstens nach mir rufen können. Ich hätte dich da genauso gut rausgeholt.« Johanna lässt ihn ihren Unmut spüren, indem sie ihm die Tasse aus der Hand nimmt, die er gerade in die Küche bringen möchte.

Max schweigt. Ich habe mich selbst gerettet, krächzt eine Stimme in ihm, der er schon lange nicht mehr traut.

Damit wir uns richtig verstehen, noch einmal in Zeitlupe für den Anfänger: Einerseits bist du stark genug, selbständig ins Wasser zu gehen, obwohl du ahnst, fürs

Schwimmen untauglich zu sein. Aber damit nicht genug. Gleichzeitig bist du zu schwach, Johanna um Hilfe zu bitten, und dennoch stark genug, ihr deine Schwäche später zu gestehen. Und zu guter Letzt fühlst du dich stark genug, über deinen Schutzengel eine schwache Bemerkung zu machen. – Du steckst so voller Widersprüche, dass du unmöglich Bescheid wissen kannst, wie es eigentlich um dich steht, oder? Ob du verzweifelt bist oder nicht. Ob du überhaupt gerettet werden möchtest oder nicht. Hoffentlich findest du wenigstens das bald heraus.

Und eines würde ich dir auch gerne noch für die Zukunft mitgeben: Nur weil jemand ein Anfänger ist, bedeutet das nicht, er wäre nicht ganz bei der Sache. Das müsstest du eigentlich wissen. Gerade du, der du anscheinend gerne mal was beginnst, ohne an die Folgen zu denken. Dass die Aktion im Badeteich nur deswegen glimpflich ausging, weil *zufällig* eine Luftmatratze neben dem Teich lag, hast du wohl verdrängt. – Andererseits ist das gar nicht so schlecht, denn wenn du dich von so etwas ablenken ließest, würdest du wahrscheinlich genau jetzt über die Schwelle zur Toilette stolpern.

Und eines steht ja wohl auch fest: Zum Einstand jemanden vor dem Ertrinken retten, ist nicht übel. – Ein Auto zum Stehen bringen, einen losen Felsbrocken festhalten oder eben auf die Schnelle eine Luftmatratze organisieren, das sind echte Herausforderungen. Der Alltag wird, was man so hört, viel weniger spektakulär verlaufen: eine schwarze Katze verscheuchen, eine Adresse zukommen lassen, einen Wegweiser verdrehen … Vielleicht wird es mit dir ja doch abwechslungsreicher als gedacht.

Johanna kommt am nächsten Morgen nicht mit zum Zug. Sie würde es ihm niemals sagen, aber ein stiller Vorwurf ist in ihr: Warum muss Max das mit dem Schwimmen gerade in ihrem Teich ausprobieren, obwohl er das traurige Ende schon vorausgesehen hat? Er macht es seinen Freunden nicht leicht. Sie will ihm doch nur helfen und weiß jetzt noch weniger, was sie tun soll. Genau wie bei ihrem halsstarrigen Vater, der lehnt auch jede Unterstützung ab. Mit Vernunft kommt man gegen diese leidenden Dickschädel nicht an. Dabei ist es auf Dauer ganz schön anstrengend, sich immer wieder vorzusagen, dass eine Zurückweisung nicht persönlich gemeint ist. All die ungelesenen Ratgeber, die unangebrochenen Öle, die gemeinsam konsultierten Spezialisten wegen des Diabetes – sie hätte sich das alles sparen können … Hoffentlich wird sie selbst nicht so uneinsichtig und bewahrt sich die Offenheit für Anregungen der anderen, falls es einmal so weit kommt.

Plötzlich schiebt sich ein anderer Gedanke vor ihren Unmut: Ist es nicht genau dieser Vater gewesen, der mir beigebracht hat, nur dem eigenen Urteil zu vertrauen, mir nichts aufschwätzen zu lassen, keinem Propheten auf den Leim zu gehen? Nicht jedem Befehl anderer blind zu folgen, stattdessen das eigene Hirn einzuschalten. – Nun testet sie bei ihm, ob er seine eigenen Erziehungsmaximen durchhält, und ärgert sich noch darüber, dass er die Prüfung besteht … Absurd, das alles. Plötzlich ist sie auch mit Max versöhnt, selbst wenn er ihr Angebot, ihm wenigstens ein paar Brote für die Reise zu schmieren, abgelehnt hat. Für die Zukunft nimmt sie sich vor, beide ihren Weg gehen zu lassen. Auch wenn es nicht ihrer ist.

Ulrich, ihr Mann, hat von all dem nichts mitbekommen. Ihm fällt nur auf, dass sich Max bei seiner Ankunft vor zwei Tagen nicht hat schieben lassen und ihn nun den leichten Anstieg zum Bahnsteig ohne Einspruch machen lässt, die beiden Krücken quer über den Rollstuhl gelegt. Gemeinsam mit dem Schaffner bugsiert er Max in den Waggon und bleibt noch so lange stehen, bis der Zug verschwunden ist.

Max winkt ab, als ihm eine Mutter mit Kind den Behindertenplatz freimachen möchte. Stattdessen bleibt er im Rollstuhl sitzen und starrt aus dem Fenster. Kaum ist der Schaffner gegangen, dem er mit einem schiefen Lächeln seinen Schwerbehindertenausweis hingehalten hat, löst er die Bremsen und rollt zur Toilette. An der Tür verkanten sich die Vorderräder. Er braucht mehrere Anläufe, bis er drinnen ist. Während die Tür in Zeitlupe zugeht, läuft der kleine Junge aus dem Abteil den Gang entlang, ohne ihn wahrzunehmen. Max sieht ihm nach, als wäre er das Leben.

Er schließt ab und zieht sich vor der Kloschüssel hoch. Der Schniepel des Reißverschlusses seiner Jeans klemmt. Er bekommt ihn nicht rechtzeitig auf. Der Bund der Unterhose wird feucht. Noch während er pinkelt, rinnen Max Tränen aus den Augen. Mit einer Hand wischt er sie weg. Dabei gerät er ins Schwanken und kann sich gerade noch festhalten. Ohne nach hinten zu sehen, lässt er sich in den Rollstuhl fallen.

Halblaut flüstert er: »Kann ich nicht einmal aufs Klo, ohne mich vollzusauen?«

Als hätte ihm den Satz jemand ins Gesicht geschrien, fängt er an zu schluchzen. Er möchte sich wehtun mit solchen Sätzen. Nur so kann er ignorieren, dass es schon die ganze Zeit schmerzt. Täglich weist ihn sein Körper in die Schranken. Max fühlt sich darin wie in einem heruntergekommenen Gefängnis mit Aufpassern, die auf jeden Wunsch nach Hafterleichterung mit einer noch grausameren Strafe reagieren.

Warum hilft mir denn niemand?

Er weiß selbst nicht, an wen die Frage gerichtet ist.

3.
Anscheinend verleitet auch die Hoffnung Menschen zum größten Quatsch.

Wieder daheim, erzählt Max niemandem, dass er nicht mehr schwimmen kann. Nicht einmal seiner Schwester. Er bildet sich eh ein zu wissen, wie jeder seiner Freunde darauf reagieren würde. Wer einen schwachen Witz reißen würde oder sogar getröstet werden müsste. Schon öfter hat in solchen Situationen jemand zu weinen begonnen. Einige würden voller Bewunderung wiederholen, dass es großartig sei, wie er mit seinen Einschränkungen umgehe. Sie an seiner Stelle würden das nie so hinbekommen. Andere würden ihm zu einer Therapie raten. Er hat sich daran gewöhnt, auf dieselbe Aussage hin heilig gesprochen oder unter Beobachtung gestellt zu werden.

Solange es ihm gut geht, versucht er, es allen Recht zu machen und niemanden mit seinem körperlichen Niedergang zu überfordern. Wenn es ihm schlecht geht, schweigt er. Beides hat sich bewährt. Alle Trostversuche erstickt er im Keim, weil sie ihm zu deutlich vor Augen führen, wie trostbedürftig er eigentlich ist.

Max schaltet den Laptop ein, sein Fenster zur Welt. Auf Facebook schlägt ihm eine unbekannte Petra vor, möglichst ununterbrochen die universale Heilungszahl für seine Krankheit zu visualisieren: »Die 51843218«.

Im ersten Augenblick fühlt er sich geschmeichelt und überlegt, ob es sich bei der Zahlenfolge vielleicht um ihre Telefonnummer handelt. Aber wenn er sie wählen würde, hieße es bestimmt nur: Kein Anschluss unter dieser Nummer. Um sich nicht zu enttäuschen, lässt er es bleiben.

Eine Viertelstunde später klingelt das Telefon. Es ist jedoch nicht Petra, sondern Sylvia, die Schauspielerin. Bevor die Freundin aus gemeinsamen Theaterzeiten zu ihrem eigentlichen Anliegen kommt, erzählt sie, dass eine Zigeunerin sie aufgefordert habe, vier Wochen auf einer Lourdes-Wurzel zu schlafen, während sie für Sylvia beten würde. Für nur 83 Euro.

»Ich sag dir das nur, damit du weißt, dass selbst ich nicht alles mitmache. Warum ich eigentlich angerufen habe: Magst du zur Buchpräsentation von Helmut mitkommen? Der ist noch ganz neu im Heiler-Geschäft und braucht ein bisschen Unterstützung. Du hast doch so ein Faible für Existenzgründer.«

Zu ihrer beider Erstaunen sagt Max zu. Ohne sich darüber lustig zu machen. Trotzdem verspricht er sich insgeheim nicht mehr davon, als in seinen Vorurteilen bestätigt zu werden. Wie in einer Hollywood-Komödie: Das Ende steht von der ersten Sekunde an fest, aber bis dahin möchte man anständig unterhalten werden.

Kurz vor Beginn der Veranstaltung ist Max immer noch allein. Bis auf Helmut, der am Nebentisch seine Bücher zu einem kleinen Wall aufschichtet. Zu allem Überfluss schickt Sylvia eine SMS. Ihr sei kurzfristig etwas dazwischengekommen, aber er hätte bestimmt auch so seinen Spaß. Zum Gehen ist es nun zu spät, ohnehin hat der Rollstuhl ihn bereits verraten.

Unmittelbar vor Beginn der Lesung stoßen zu seiner Erleichterung noch zwei Bekannte von Helmut dazu, eine der beiden Frauen hat einen Freund mitgebracht. Gemeinsam setzen sie sich an einen Tisch auf dem Bürgersteig vor das Café. Um sich auf Helmuts Methode einzustimmen, sollen sie erst einmal alle in seinem Buch blättern. Max fasst es an wie einen toten Fisch.

Dann berichtet Helmut von seinem Unfall. Wie der ihn vor zehn Jahren aus seinem Unternehmensberaterleben gerissen und auf eine völlig neue Spur gesetzt hatte. Die fast vollständige Lähmung seiner Beine schien zunächst unheilbar. Bis er selbst eine Methode entwickelte, mit der es ihm gelang, wieder laufen zu können. Das will er weitergeben.

»Mittels Spiegelneuronen entsteht das Bild des Kranken vor meinem geistigen Auge«, sagt Helmut und starrt dabei seine Bekannte an, als wollte er sie in seinem Hirn klonen. »Eine innere Stimme gibt mir dann die entscheidenden Tipps zur Heilung. Schon als Kind hat sie mir geholfen.« Man könne ihn auch, fährt Helmut fort, für Workshops buchen oder es mit den im Buch ausführlich beschriebenen Übungen zur Energiearbeit versuchen.

Seit dem Wort »Spiegelneuronen« hat er Max zum Feind, der jetzt nur noch auf den nächsten Unsinn lauert. Nichtsdestotrotz versucht er, sich nichts anmerken zu lassen. Kurze Zeit später senkt sich eine bleierne Müdigkeit über ihn. Immer wieder ermahnt er sich, wach zu bleiben. Ohne über den Sinn nachzudenken, schreibt er dann den ersten aufgeschnappten Satz in sein Notizbuch. Sätze ohne Anfang und Ende wie: Eine Wandlung in bewusstseinsbildende, innere Kraft und mehr Wahrnehmung und Klarheit spendende, konkrete Heilung bringende Energien ...

Auf einmal unterbricht eine der Frauen den Vortrag: Ihre Tochter leide ja seit einigen Jahren an einer plötzlich aufgetretenen Lactose-Unverträglichkeit. Wie er das denn erklären und beheben würde.

Die Tochter solle sich am besten telefonisch an ihn wenden. In Unkenntnis ihrer Stimme wäre es schwer, eine Diagnose abzugeben, antwortet Helmut.

Während dieses Geplänkels blättert Max voller Häme bis zum Übungsteil durch das Buch, beinahe erleichtert, keinen einzigen Gedanken zu verstehen. Es wimmelt in dem Text nur so von »Energie«, »Struktur«, »Mechanismus«. Aber die Sätze, in die diese Worte eingelassen sind wie Fliegen in Bernstein, bekommt er nicht zu fassen. Jeder wirkt wie ein Versprechen auf den nächsten, den alles erklärenden. Doch der nächste ist dann doch wieder nur eine Banalität. Plötzlich überflutet Max ein alles mitreißendes Mitleid: mit Helmut, mit der Armseligkeit der Veranstaltung, mit den anderen Zuhörern, mit sich.

Es ist so trostlos. Und diese Trostlosigkeit schnürt ihm die Kehle zu. Nachdem Helmut die Fragerunde eröffnet hat, sehen die anderen Max erwartungsvoll an: Der Rollstuhlfahrer soll etwas fragen, so einer wie er müsste doch für Helmuts Methode sein letztes Hemd geben.

Max aber nestelt an seinem Kugelschreiber herum, unfähig, auch nur einen einzigen Satz herauszubringen. Sein Mitleid hat sich in Scham aufgelöst. Er schämt sich für diesen selbsternannten Heiler und vor allem für seine Anwesenheit bei dieser Posse. So schmutzig hat er sich noch nicht einmal nach dem Besuch eines Pornokinos gefühlt.

Kurz darauf verabschiedet er sich mit einem Kopfnicken und rollt davon. Die Cafés sind voller fröhlicher Menschen. Er fühlt sich von allem ausgeschlossen: von den Passanten genauso wie von der Gruppe um Helmut.

Schade, dass du schon aufgebrochen bist. Nun bekommst du gar nicht mit, dass just in dem Moment, als Helmut noch einmal die Verlässlichkeit seiner Methode beschwört, *zufällig* der Wall aus Büchern ins Rutschen gerät und eines nach dem anderen auf den Boden platscht ...

In seiner Not fährt Max bis zum Haus von Gitta, seiner strengsten Freundin. Die hat, obwohl selbst an Hepatitis leidend, nichts übrig für seine ihrer Meinung nach verweichlichte Sehnsucht nach Erlösung und Heil. Sie ist die Einzige, die ihm jetzt die Beichte abnehmen könnte. Mitgefühl würde er nicht ertragen.

Gitta erledigt das mit norddeutscher Gründlichkeit: »Du solltest dich eher fragen, warum du zu so etwas hingehst. Das ist das eigentliche Problem. Nicht diese Heilskaufleute, sondern deine Unfähigkeit, deutlich Nein zu sagen. Stattdessen wunderst du dich, dass sie dich ganz haben wollen. Sie werden sich mit deinen Gastspielen nicht zufriedengeben.«

Ihre Worte beruhigen sein schlechtes Gewissen. Sie ist sich so beruhigend sicher in ihrer Ablehnung, dass er sich nicht einzugestehen braucht, insgeheim doch wenigstens etwas Linderung erhofft zu haben.

Beim Warten auf die Trambahn erzählt sie von ihrem Ex-Freund. Dieser stand eines Morgens selig lächelnd im Badezimmer. Trotz eines unerträglich schmerzenden Bandscheibenvorfalls. Im ersten Moment dachte sie: Jetzt ist er endgültig durchgedreht. Der Freund hatte aber lediglich am Vorabend einen Heilpraktiker konsultiert. Dieser verordnete ihm, vierzig Tage lang durchzulächeln. Wie die Mönche in einem buddhistischen Kloster, ununterbrochen, pausenlos lächeln. Wenn einer der Mönche für eine Sekunde die Mundwinkel sinken lässt, wird er ins Tal geschickt, um einen Fingerhut voll Wasser zu holen. Ihr Ex-Freund, diese Memme, hat es dann nicht einmal einen Tag durchgehalten, sondern lieber weitergejammert.

Deine Freunde haben was. Alle ein bisschen schräg, aber jeder auf seine Weise. Die werden mir einiges an Arbeit abnehmen. Man scheint sich auf sie verlassen zu können, so wie du dich auf sie.

Wenn du mit deinem Körper nur halb so vertrauensvoll umgehen würdest wie mit Johanna, Gitta und Co., weniger unbeteiligt, würdest du dich vielleicht nicht so verloren darin fühlen. So abgeschnitten von jeglicher Rückkehr in das Leben von früher.

Würden sie dich fragen, ob du überhaupt gesund werden willst, bekämen sie garantiert keine eindeutige Antwort. Es traut sich natürlich keiner. Ihr tut so, als ob das selbstverständlich wäre. Und das, obwohl ihr allesamt Veränderungen fürchtet wie der Teufel die Frommen.

Du hast dich anscheinend so darauf eingestellt, deine jeweilige Verfassung als unantastbar zu akzeptieren, dass Heilung schon lange aus deiner Vorstellung verschwunden ist. Deswegen begegnest du plumpen Heilsangeboten mit Spott und verborgenen mit Gleichgültigkeit.

4.
Sobald ein Mensch anfängt nachzudenken, macht er aus einer Selbstverständlichkeit ein Problem.

Max sieht keinen anderen Ausweg als zu funktionieren. Das geht drei Wochen gut. Solange er daheimbleiben kann. Da ist alles einfacher. Da weiß er ohne hinzusehen, wo eine Wand ist, um sich abzustützen. Da kommt er rechtzeitig zum Klo. Da gibt es nur die beiden Stufen zum Bürgersteig … Doch dann soll er zu einer Tagung nach Stuttgart. Am liebsten würde er sich entschuldigen. Seine Schwester bestärkt ihn darin: Jeder würde verstehen, wenn er nicht käme.

Genau deswegen sagt er zu.

Der eigentliche Grund für sein Zögern war, dass er sich den anderen nicht mit Rollstuhl zeigen möchte. Sie kennen ihn seit Jahren mit einem abgewetzten schwarzen Gehstock. Die letzten beiden Male kam er mit den Krücken. Die gingen noch durch als Zeichen einer nur vorübergehenden Verschlechterung. Ein Rollstuhl hingegen hat die Endgültigkeit eines Grabsteins. Vielleicht würde er es sogar noch einmal ohne schaffen, aber schon beim letzten Mal war der Weg vom Bahnsteig bis zum Taxi eine einzige Tortur. Am meisten fürchtet er die Blicke der anderen, das schnelle Wegsehen, wenn er angerollt kommt. Er beobachtet sie immer genau, auch wenn er so tut, als wäre es ihm egal.

Aber niemand sieht weg während der beiden Tage. Alle

sorgen sich um den Erfolg des Unternehmens, wie immer eigentlich. Und wie schwer es Max fällt, sich am Morgen im Hotel anzuziehen, die Schuhbänder zu binden, die schwere Zimmertür aufzuziehen, bekommt niemand mit.

Das Angebot eines Teilnehmers, ihn am Ende der Tagung zum Bahnhof zu begleiten, lehnt er ab. An der zweiten Kreuzung, es geht mächtig bergan, bereut er dies, an der dritten bleibt er an der Bordsteinkante hängen und katapultiert sich fast aus dem Rollstuhl. Wenige Meter weiter beginnt dieser zu eiern. Als Max sich hinunterbeugt, fällt das rechte Vorderrad ab. Er braucht ein paar Sekunden, um zu realisieren, was da passiert ist. Dass auch ein Rollstuhl kaputtgehen kann wie ein Auto, lag jenseits seines Vorstellungsvermögens, so fremd ist ihm das Gerät immer noch. Dass auf seinen Körper kein Verlass ist, hat sich ihm inzwischen tief eingebrannt. Dass nun auch die Gegenstände in seiner unmittelbaren Umgebung sich seinem Willen widersetzen, wirkt wie eine finstere Drohung. Auf die ist Max nicht gefasst gewesen.

Mit den Krücken tastet er sich bis zur Kreuzung zurück und findet tatsächlich

– rein *zufällig* natürlich! –

die verloren gegangene Schraubenmutter. Ohne Werkzeug lässt sie sich allerdings nicht wieder befestigen.

Hinter ihm schnappen die U-Bahn-Züge auftauchend nach Luft. Er setzt sich auf einen Betonpoller und nestelt das Handy aus der Jackentasche. Unverrichteter Dinge lässt er die Hand wieder sinken. Im Kopf geht er alle Bekannten durch, dann Freunde aus seiner Stuttgarter Zeit. Bei jedem Namen fällt ihm eine andere Begründung ein, warum er gerade diese Person im Moment nicht anrufen darf. Nicht stören, er möchte nicht stören, aber da ist noch mehr: Er bringt es nicht über sich, jemanden um Hilfe zu bitten. Das geht nur bei Kleinigkeiten: die Türe aufhalten, eine Steigung hochschieben, so etwas. Nicht jedoch jemanden auffordern, im Feierabendverkehr durch die Stadt zu fahren, um bei ihm eine Schraube festzuziehen.

»Kann ich dir helfen?«

Er sieht auf. Vor ihm steht eine Frau in seinem Alter. Ein paar Meter dahinter trottet ein vielleicht zehnjähriges Mädchen heran, anscheinend ihre Tochter.

»Wenn du einen Inbusschlüssel dabei hast.«

Die Frau lächelt. Sie hat den Typ mit dem Rollstuhl bereits von der anderen Straßenseite aus gesehen und befürchtet, er wäre vielleicht angefahren worden. Ihr Erste-Hilfe-Kurs liegt doch schon so lange zurück! Nun scheint ja alles halb so schlimm zu sein.

»Weißt du was?«, sagt sie. »Ich bin eh gerade auf dem Weg zur Werkstatt, du wartest hier, und dann sammle ich dich ein.«

Sein Radbruch erscheint ihm noch immer so unwirklich, dass er dieses Angebot wie eine Selbstverständlichkeit abnickt, ohne einen Funken von Freude oder wenigstens Erstaunen.

»Übrigens, ich heiße Anke, und das ist meine Tochter Felicitas.«

Als ob es ganz normal wäre, dass Frauen mit geräumigen VW-Bussen auf dem Weg zu einer Werkstatt vorbeikommen, sobald du sie brauchst! Als ob Anke *zufällig* gerade an dieser Ampel die Straßenseite gewechselt hätte! Als ob ihre Tochter *zufällig* Felicitas heißen würde. Da hat doch jemand ordentliche Arbeit geleistet, oder etwa nicht?

Keine Viertelstunde später parkt Anke den dunkelroten Bus unmittelbar hinter den Betonpollern. Max rappelt sich auf und setzt sich neben das grimmig dreinblickende Mädchen auf die Rückbank, während Anke das Rollstuhlwrack im Heck verstaut.

Nach einigen pflichtschuldig absolvierten Konversationsversuchen schweigen sie während der kurzen Fahrt. Alle drei genieren sich, aus unterschiedlichen Gründen: Anke ist ihr Vorpreschen peinlich. Vielleicht wollte der Behinderte gar nicht, dass ihm geholfen würde. War sie etwa wieder übergriffig? In letzter Zeit ist ihr das mehrfach vorgeworfen worden: Man bekäme in ihrer Gegenwart kaum Luft. – So etwas hat sie sich anhören müssen von ihrem Mann, der damit nur von seinen Fehlern ablenken wollte!

Felicitas zieht an dem Gurt, um einen Gedanken zu vertreiben, der hartnäckig an die Oberfläche strampelt: Wenn sie auch so einen Rollstuhl hätte wie der unrasierte Mann, müsste sie nicht in die blöde Ballettstunde. – Einen Augenblick schämt sie sich mit der Stimme ihrer Mutter für den bösen Satz. Wenige Sekunden später verschmilzt sie wieder mit der Hauptfigur ihres Buchs, das sie heimlich zwischen die Ballettsachen geschmuggelt hat.

Und Max beglückwünscht sich selbst, keinen seiner Freunde herzitiert zu haben. Nun berührt ihn sogar unangenehm, es überhaupt in Erwägung gezogen zu haben.

In der Werkstatt zieht der Mechaniker eine Augenbraue hoch, als die beiden Teile des Rollstuhls vor ihm stehen. Meinen die etwa, er wäre die Wohlfahrt? Aber die Frau ist eine treue Kundin, also schluckt er die Bemerkung hinunter … Schweigend zieht er einen Schraubenschlüssel aus der linken Hosentasche, steckt instinktiv den richtigen Aufsatz darauf und schraubt innerhalb von siebzehn Sekunden das Rad an. Max zählt mit. Die Lösung steht wieder einmal in einem absurden Missverhältnis zur Größe des Problems.

Der Mechaniker sieht auf die Armbanduhr der Frau und überschlägt die Stunden bis zum Feierabend. Für ihn ist das Ganze nichts weiter als eine weitere lockere Schraube an diesem langen Tag.

Max bedankt sich bei seinen Rettern und fährt Richtung Bahnhof davon. Erleichtert, weniger wegen des reparierten Rollstuhls als deswegen, wieder ein freier Mann zu sein. Was für ihn bedeutet, nicht auf fremde Hilfe angewiesen zu sein.

Im Zug nach München bestellt er sich eine Tasse Tee. Nachdem er den Nachmittag hat Revue passieren lassen, schwört er sich, bei Problemen in Zukunft erst einmal abzuwarten.

Was ist da los? In einem Vorort von Stuttgart glimmt noch etwas von dir. Das hält mich zurück. So etwas Ähnliches ist mir schon auf dem Bauernhof von Johanna und Ulrich passiert. Als ob ein Teil von dir in einem anderen Menschen weiterexistieren würde. Jetzt, bei deiner Retterin, ist es genauso. Sie ist mit dir noch nicht fertig.

Anke sitzt am Küchentisch ihres Reiheneckhauses in Stuttgart-Vaihingen. Vor ihr das zusammengeschobene Abendessengeschirr. Felicitas hat sich mit der Ausrede, Hausaufgaben machen zu müssen, zum Lesen in ihr Zimmer verkrümelt. Der Platz Anke gegenüber blieb, wie jeden Tag seit einem Monat, leer.

Das Erlebnis mit dem gestrandeten Rollstuhlfahrer war für Anke das wichtigste Ereignis an diesem Tag. Nicht direkt wegen des Mannes, aber die Begegnung hat einiges zurechtgerüttelt: den Streit mit ihrer Tochter wegen der Ballettstunde, den Ärger wegen des dauernd kaputten Vergasers, selbst die beschissene Beziehungssituation ... pillepalle, im direkten Vergleich. Aber der Vergleich hinkt wie alle. Der Typ weiß mit seinem Rollstuhl wenigstens, woran er ist. Einer bald alleinerziehenden, arbeitslosen Mutter bietet keiner Hilfe an.

Anke lächelt. Irgendwie war es auch komisch, wie der da saß mit der Schraube in der Faust. Und der knorrige Mechaniker erst. Als sie sich bei ihm für seine Hilfe bedanken wollte, wischte er das mit einer ölverschmierten Handbewegung beiseite. Wahrscheinlich war ihm der zugesteckte Zwanziger unangenehm, vielleicht hätte er lieber ohne Gegenleistung geholfen. Dabei hat sie ihm das Geld nicht wegen des Rollstuhls gegeben, sondern wegen des genauso schnell reparierten Vergasers ...

Sie fragt sich, wer nun eigentlich wem geholfen hat: ich dem Behinderten? Oder war es doch nur der Mechaniker, der Vergaser und Rollstuhl repariert hat? Irgendwie hat mir auch der Behinderte geholfen, nur durch unsere Begegnung … Ganz schön verworren das Ganze. Wer hilft, dem wird geholfen. Klingt wie in der Bibel. – Nichtsdestotrotz hätte ich ihn noch zum Bahnhof bringen können. Sei's drum, er hat es bestimmt auch alleine geschafft.

Anke schaltet das Licht ein. Und überweist am Computer ihres Noch-Mannes zweihundert Euro von seinem Konto an eine Behinderteneinrichtung in Guatemala. Danach fühlt sie sich so befreit wie schon seit Wochen nicht mehr.

5.
Manche Menschen trinken sogar Blumendünger, wenn es so bequemer für sie ist.

Noch bevor er »Nicht schon wieder« zu Ende denken kann, liegt Max am Boden. Beim Hinsetzen ist der Stuhl zur Seite weggerutscht und mit ihm umgefallen. Nachdem er zur Wand gerobbt ist, setzt er sich auf und zieht den linken Fuß unter dem rechten Knie hervor. Er versucht, die Fallbahn nachzuvollziehen. Röte steigt ihm ins Gesicht beim Anblick der Tischkante, die er knapp verfehlt hat. Glück gehabt, wieder einmal. Blöd nur, dauernd auf diese Sorte Glück angewiesen zu sein.

Der Knöchel sieht normal aus. Die Kratzer müssen von einem anderen Unfall stammen, denn sie sind schon fast verheilt, genau wie die blauen Flecke am Schienbein. Max kann sich nicht erinnern, in den letzten Jahren einmal keine gehabt zu haben, zu oft schlägt er sich mit einer unkontrollierten Zuckung irgendwo an. Sein Bein mustert er mit derselben leisen Verachtung wie den Stuhl. Beide sind keine Verbündeten mehr. Beide widersetzen sich. Keine Feinde, aber auch keine Freunde.

Er spürt nichts, keinen Schmerz. In ihm ist diese Leere, die er schon kennt, nur diese eine Frage: Wie komme ich wieder hoch? Gott sei Dank hat sich Sylvia verspätet. Es ist ihm lieber, keine Zeugen zu haben.

Kaum sitzt er wieder, versucht er, die Spuren seines Sturzes zu verwischen, stellt alles gerade, rückt das verrutschte Teegeschirr zurecht. Erst als er damit fertig ist, bemerkt er, dass er vollkommen außer Atem ist.

Es klingelt.

Er ist froh, dass Sylvia sich erst mal lautstark über die Verkäuferin im Supermarkt aufregt, weil die sich mit dem Herausgeben so viel Zeit lasse, bis man vergessen habe, was eigentlich zu bezahlen sei. Sylvia macht die Griechin so komisch nach, dass Max trotz allem lachen muss. Dann fischt sie aus ihrer Tasche eine Packung Kekse, eine Flasche Blumendünger und Milch für den Tee.

»Ich habe dir was mitgebracht. Was ganz Besonderes. Da wirst du staunen.« Sie deutet auf den Blumendünger. »Den habe ich von meiner Yogalehrerin Christa. Ich hab ihr von dir erzählt.«

Max fällt es schwer, Aufmerksamkeit vorzutäuschen. Am liebsten wäre er jetzt allein. Er fällt immer noch. Immer tiefer.

Sylvia schließt aus seinem leeren Blick, er hätte keine Lust auf das Geheimnis der Flasche, und will sie schon wieder einpacken.

»Was soll ich damit? Soll ich das Zeug trinken?«, fragt er pflichtschuldig. Es soll ein Witz sein.

»Bingo!« Sylvia lacht und hält sie ihm hin. »Weißt du, was da Gutes drin ist?« Sie deutet mit der freien Hand auf das Etikett. »Germanium. Also Christa sagt ja, und die muss es wissen, dass du mit Germanium alles heilen kannst. Das weiß nur niemand, weil die Pharma-Mafia es unterdrückt. Deswegen bekommst du in ganz Deutschland Germanium nur in diesem Blumendünger.«

»Aha.« Max versucht aus ihrer Stimme herauszuhören, ob sie es ernst meint. Er hat Angst, etwas Falsches zu sagen, weil er sich seit einiger Zeit keiner Auseinandersetzung gewachsen fühlt.

»Weißt du was, wir können es ja mal ausprobieren«, sagt Sylvia. »Wenn es einer Pflanze guttut, dann wird es uns auch guttun. Außerdem nehmen wir es verdünnt ein. Christa sagt: eine Verschlusskappe auf einen Liter Wasser. Hast du einen Messbecher?«

Max deutet auf den Küchenschrank hinter sich. Er möchte kein Spielverderber sein. Und solange ihn etwas nicht umbringt, macht er alles mit.

Während sie den Wundertrank mixt, schlägt seine gedrückte Stimmung plötzlich um. Es fehlt nicht viel, und er würde sich zu seiner Krankheit beglückwünschen, die immer wieder solche unerwartbar wunderlichen Momente für ihn bereithält.

Kurz darauf halten sie die Teetassen mit dem Blumendüngerwasser theatralisch hoch und stoßen an. Sie fühlen sich jetzt beide stark wie Kinder, vollkommen in einem Spiel versunken. Es geht nicht mehr darum, ob Germanium heilt, sondern darum, wer sich als Erster traut, das Zeug zu trinken. Sein Ehrgeiz erwacht. Er schließt die Augen, kippt den Inhalt der Tasse hinunter und ruft: »Geheilt!«

Blumendünger also. – Anscheinend fällt es dir genauso schwer, Hilfe abzulehnen, wie um sie zu bitten.

Vielleicht liegt es an dem Sturz vorhin. Zugegeben, der hätte sich vermeiden lassen. Aber dass bei dir wirklich jeder Stuhl festgehalten werden muss, wurde mir bei der Übergabe nicht gesagt. Immerhin die Tischkante, die war im entscheidenden Moment weit genug weg. Kein weiterer blauer Fleck, das ist doch auch schon was.

Leider stimmt das nicht. Auf deiner Seele ist ein neuer. Das tut mir leid, aufrichtig. Es hätte nicht passieren dürfen.

Vielleicht liegt es aber auch einfach an deiner Wohnung. In der kann man nicht viel anderes machen, als vom Stuhl zu fallen. Keine Tischtennisplatte, keine Dartscheibe an der Wand, kein Fitnessraum, keine Spiele – nicht einmal eine Playstation. Nur Bücher und CDs, bis auf eine Entbehrung gewöhnte Palme keine Pflanzen. Ein paar Bilder an der Wand: farblos Abstraktes, gemischt mit alten Stichen von Paris. Und ein wahnsinnig unbequemes schwarzes Ledersofa. Alles karg, schwarz und verkopft.

Trotzdem: Es tut mir leid. Hoffentlich hilft wenigstens das Germanium ein bisschen.

6.
Wenn ein Mensch zu viele gute Ratschläge bekommt, befolgt er am Ende gar keinen.

Sein erster Gedanke: Einer der beiden Gastgeber muss die Gäste passend zur Einrichtung ausgewählt haben. Nur was mache ich dann hier?

Um die zwanzig Personen tummeln sich in der schnieken Altbauwohnung. Die meisten männlich, doch die Proseccogläser halten sie mit formvollendeter Eleganz. Die mitgeschleiften Frauen wirken wie ein adrett übergeworfener Schal. Max kämpft sich bis in den Salon mit dem Flügel vor. Auf einer schwarzen Ledercouch hält eine ältere, goldglitzernde Dame Hof. Als er sich einen Stuhl heranziehen möchte, damit der Gastgeber den sperrigen Rollstuhl in die Abstellkammer fahren kann, nötigt sie ihn mit einem Klopfen auf das Polster neben sich.

»Nur keine Angst, junger Mann, kommen Sie ruhig zu mir!«

Sobald Max sitzt, berichtet sie ihm, dass sie den Rest des Jahres, wenn sie nicht bei guten Freunden eingeladen sei, in ihrem Haus in Südfrankreich verbringe. Nach München komme sie eigentlich nur noch, um zu Karl zu gehen. Ein wunderbarer manueller Therapeut, eine außergewöhnliche Begabung.

Max nickt, wie er immer nickt, wenn ihm ein außergewöhnlicher Spezialist empfohlen wird: gleichermaßen andächtig wie unverbindlich. Spätestens in einer Minute wird er den Namen vergessen haben.

»Haben Sie es schon mal mit Reiki versucht?«, erkundigt sich die Matrone.

»Nein, noch nie. Was ist das?«

Er vermutet dahinter eine neue Diät, irgendetwas Asiatisches wahrscheinlich. – Weit gefehlt, erklärt sie. Eine spezielle Form des Handauflegens sei das.

Es gelingt Max nicht, sein Grinsen hinter dem Champagnerglas zu verbergen. Handauflegen, das wäre bestimmt etwas, wie sich die Karten legen lassen, oder?

Wieder nicht. Mit Hilfe von Handauflegen könne er pure Gesundheit in sich einströmen lassen, frohlockt sie. Erst vor ein paar Monaten habe sie ihre Ausbildung bei einem französischen Meister abgeschlossen. Man müsse schon sehr genau wissen, was man tue. Wie alle mächtigen Heilmethoden habe auch Reiki eine dunkle Seite. Allerdings nicht bei ihr, versichert sie. Sie wolle damit auch kein Geld verdienen, sondern Gutes tun. Ob er etwas dagegen habe, wenn sie ihm auf der Stelle einen Energieschub verpasse? Max starrt sie entgeistert an.

Ohne eine Antwort abzuwarten, streift sie einen Ring vom Mittelfinger und legt ihre rechte Hand auf sein Knie, wenig später die linke an seinen Hinterkopf. Dann schließt sie die Augen und murmelt etwas, ihr Kopf kreist dabei hin und her wie der einer betrunkenen Marionette. Max begegnet dem Blick eines jungen Mannes, der lässig am Flügel lehnt. Als dieser realisiert, dass Max von der älteren Dame betatscht wird, wendet er sich diskret ab.

Drei quälend lange Minuten vergehen. Max hält die Augen nun ebenfalls geschlossen. Lauscht auf das Gemurmel um sich, dazwischen das stoßweise Atmen der Frau. Jemand hat eine neue CD eingelegt: französische Schlager aus den Siebzigern.

»Spüren Sie schon was?«, fragt sie plötzlich.

Er nickt, tatsächlich ist ihm heiß geworden ... Mit einem zufriedenen Lächeln zieht sie ihre Hände zurück und schüttelt sie aus. Schließlich flüstert sie in sein Ohr: »Und jetzt tanzen wir!«

Mit beiden Händen greift Max nach seinem Glas. »Ich kann nicht tanzen.«

Sie presst die Lippen theatralisch aufeinander, seufzt und sagt: »Sie müssen es selbst wollen, gesund werden wollen! Nur Sie!«

In dem Moment kommt einer der beiden Gastgeber auf ihn zu, um die Dame zum Buffet zu komplimentieren. Der vorher am Flügel lehnende junge Mann hat ihn alarmiert.

Eine Anstandsstunde später verlässt Max die Wohnung mit einem Zettel in der Hosentasche. Auf den hat ihm die Reiki-Meisterin die Adresse von Karl geschrieben. Dieser würde wirklich Unglaubliches vollbringen, bestätigte sie noch einmal. Nicht ganz billig, aber eine echte Offenbarung und jede Reise wert.

Schon recht, dachte Max, schon recht.

An der Straßenbahnhaltestelle zieht er den Zettel heraus: »Heiler Karl – 51843218« steht darauf in steil abfallender Schrift. Plötzlich packt ihn eine ungezähmte Wut. Warum lassen sie ihn nie in Ruhe? Dauernd wollen sie ihn heilen.

An ihm herum machen. Er fühlt sich benutzt. Als ob sein Körper, nur weil er nicht mehr richtig funktioniert, zum Abschuss freigegeben wäre. Das würde wieder niemand verstehen. Mit der Stimme seiner Schwester sagt etwas in ihm: Sie hat es doch nur gut gemeint – und eine andere: Jetzt wirst du aber ungerecht.

Er hat es satt, immer gerecht sein zu müssen. Ihnen immer als Versuchskaninchen für ihre Nächstenliebe zu dienen. Warum heilen sie sich alle nicht erst mal selbst, bevor sie sich an mir vergreifen?

Mit dem Zettel in der Hand rollt er zu dem Wartehäuschen der Straßenbahn und umrundet es auf der Suche nach einem Abfalleimer. Nach kurzem Überlegen fährt er zurück zum Fahrkartenautomat und legt den Zettel in das Fach für die ausgespuckten Fahrscheine.

Maximilian!

Es bringt ja nichts, sich aufzuregen, aber manchmal frage ich mich dennoch: Warum machst du das? Warum ahnst du nicht einmal, dass es bei der ganzen Aktion nur um diese Adresse ging? Die dir auch noch feierlich von einer tanzbereiten, mit Gold behängten Frau überreicht wurde. Weihrauch und Myrrhe ist nichts dagegen! Da müsste sich doch jeder, der nicht ganz blind ist, denken, dass so etwas von Bedeutung sein muss. Weshalb bezeichnest du dich als Schriftsteller, wenn du so blind für Zeichen bist?

Es wird wahrscheinlich nicht einfach, dir Karls Telefonnummer noch einmal zukommen zu lassen.

Die Straßenbahn hält. Wenn die Rampe weit genug heruntergelassen ist, schafft Max den Einstieg ohne Hilfe. Manchmal aber muss er nach drei erfolglosen Versuchen warten, bis ein Passant oder der Fahrer ihn hinaufschiebt. Wie heute. Das empfindet er jedes Mal als Demütigung. Die er hinnimmt wie eine gerechte Strafe.

Direkt hinter der Fahrerkabine ist Platz für Rollstühle. Die alte Frau, die auf der hochklappbaren Bank ihm gegenübersitzt, muss die Füße anziehen, so stürmisch wendet Max. Drei Stationen lang merkt er nicht, dass sie Blickkontakt mit ihm aufnehmen möchte. Stattdessen mustert er voller Abscheu sein Spiegelbild in der Scheibe.

Warum habe ich nicht laut und vernehmlich Nein gesagt? Im Café mit Helmuts neuer Spiegelneuronen-Methode. Bei Sylvia mit ihrem Blumendünger, bei der Reiki-Spezialistin. Warum schweige ich stattdessen verstockt wie ein Kleinkind? – Er versteht sich selbst nicht mehr.

»Ja, ja.«

Überrascht sieht er auf. Die Frau ihm gegenüber ist ungefähr so alt wie die Reiki-Missionarin: allerdings nicht mit Gold behängt, sondern mit einer schlichten Holzperlenkette.

Max lächelt sie kurz an und senkt den Kopf. Nur jetzt nicht wieder über seine Behinderung reden müssen! Diese Gespräche verlaufen doch eh immer gleich. Sein Gegenüber kennt jemanden mit derselben Diagnose. Dann wird ausführlich dessen Krankengeschichte erzählt. Anscheinend tut es vielen Menschen gut, etwas zu seinem Schicksal beitragen zu können. Am schlimmsten sind Taxifahrer, sie hören so viele Krankheitsgeschichten, dass sie sich oft die Abgebrühtheit eines Chirurgen antrainiert haben. Die Dialoge mit ihnen erinnern an ein absurdes Theaterstück von Beckett. – Aber diese Frau hier lässt ihn Gott sei Dank in Ruhe.

Die Frau mit der Holzkette wollte mit ihm gar nicht über den Rollstuhl sprechen, sondern über Inferno. Vor vier Monaten ist ihr Kater gestorben. Wegen einer Erbkrankheit musste er schließlich eingeschläfert werden. Sie ist untröstlich, sie ist es wirklich. Ihr Mann, nicht gerade empfänglich für ihren Schmerz, sagt nun täglich, wenn sie wieder von ihm anfängt: »Wenigstens musste er nicht leiden.«
Was wusste der schon davon? »Aber ich leide, ich!«
»Ich weiß nicht, was du hast, es war doch nur noch eine Qual für ihn.«
Acht Wochen nach Infernos Tod wurde sie von einer Nachbarin ins Tierheim begleitet. Aber den schnurrenden Kater, den diese einen idealen Ersatz fand, wies sie brüsk zurück. Sie bestand darauf, zwei junge Tiere aus derselben Züchtung zu kaufen wie Inferno. Dass diese irgendwann an derselben Krankheit zugrunde gehen werden, überging sie. Ihn könnte ihr eh niemand ersetzen. Und jeder Versuch, sie zu trösten, kommt ihr noch immer vor, als würde jemand dem toten Inferno absichtlich auf den Schwanz treten. Wer so abgründig leidet, will keinen Trost, der will gar nichts.

Trotzdem muss sie über ihr Elend reden, immer wieder, es ist wie ein Fluch. Nur das lindert den Schmerz. Deswegen hätte sie dem Mann im Rollstuhl so gerne von ihrem Kater erzählt. Vielleicht hätte sie der in seiner hoffnungslosen Lage verstanden.

7.
Manch einer flieht aus der Einsamkeit ins Alleinsein und merkt dann erst, wie verzweifelt er ist.

An manchen Tagen meint Max wie die Hälfte der Menschheit, von der Welt vergessen worden zu sein. Nur weil das Telefon kein einziges Mal klingelt, keine Mail kommt und die einzige Verabredung absagt. An einem solchen Tag zieht er die Einladung zu einer Taufe aus dem Briefkasten. Die Mutter ist eine Studienfreundin, seitdem haben sie sich allerdings kaum mehr getroffen.

Max fühlt sich für Kindergeschrei und glückliche Eltern zu schwach. Ein paar Tage später erklärt ihm die Freundin jedoch auf dem Anrufbeantworter, wie viel ihr an seinem Kommen liege. Außerdem gebe es keine Stufen. Sie habe sich extra erkundigt. Also sagt er voller Zweifel zu.

Während die anderen noch mit Sektgläsern vor der Kirche stehen, rollt Max schon hinein. Er kennt niemanden. Augenscheinlich hat die Mutter ihren Freundeskreis seit dem Studium komplett ausgetauscht. Max fühlt sich wie der Verflossene der Braut bei einer Hochzeit.

Der Innenraum besteht komplett aus Holz, bis auf den Steinfußboden. In einen Längsbalken an der Decke ist mit riesigen schwarzen Sütterlinbuchstaben ein Bibelvers geschnitzt: »Selig sind, die da Leid tragen; denn sie sollen getröstet werden.«

Max ist das zu aufdringlich. Diese Trost-Sprüche haben alle etwas Süßliches. Außerdem stößt er sich an dem »sollen«, das klingt schon wieder so, als ob andere dafür zuständig wären. Warum sich beim Getröstetwerden gleich in die nächste Abhängigkeit begeben?

Nach dem Gottesdienst, ein Teil der Gäste ist bereits auf dem Weg nach draußen, fällt dem Kindsvater ein, dass man ja noch ein Erinnerungsfoto bräuchte. Zunächst wird die Familie rund um den Altar versammelt: Großeltern, Taufpaten, der Pastor und irrlichternde Kinder. Die meisten der anwesenden Männer fotografieren vom Kirchenschiff aus wie auf der Jagd. Nach und nach schicken sie ihre Frauen nach vorne. Die Gruppe bläht sich immer mehr auf und besetzt Stufe um Stufe zum Altar.

Max beobachtet das Treiben mit einem milden Lächeln von seiner Bank aus. Einzelne Fotografierunlustige werden nach vorne gerufen, bis auf einmal alle – bis auf ihn und einen letzten Fotografen – vorne stehen. Ihn ruft keiner. Sechzig gegen einen. Mit versteinerter Miene befiehlt er sich, die Blicke auszuhalten. Der Spruch auf dem Balken kommt ihm nun wie blanker Hohn vor. Die Leidtragenden werden nicht getröstet, sondern ausgesondert.

Endlich draußen, entschuldigt er sich mit einer durchsichtigen Notlüge, nicht an dem gemeinsamen Festessen teilnehmen zu können, und flieht.

Du kannst wohl nicht sehen, dass du nicht der Einzige bist, der sich von allen verlassen fühlt. Aber vielleicht könntest du es dir denken. Die Großmutter des Täuflings:

hat sich mit ihrer Schwester zerstritten; seitdem hat sie niemanden mehr, den sie anrufen könnte. Beispielsweise.

Rechts daneben der Taufpate: hält es kaum aus, einen ganzen Tag unter lauter Fremden zubringen zu müssen. Dem sieht man es doch wirklich an.

Oder der vierjährige Junge: drückt sich mit tränennassen Augen an das Hosenbein seines Vaters; seine Eltern haben den Stoffmaulwurf daheim liegen lassen. – Der Junge ist der Einzige, der sich nicht zu verstellen versucht.

Hätte es euch geholfen, wenn ihr einander erkannt hättet? Wahrscheinlich nicht.

Die Beziehung zu anderen ist schon schwierig genug, aber die zu sich selbst scheint bei euch komplett verfahren. – Die da Leid tragen, sind allesamt nicht selig, sondern einsam.

8.
Einerseits wünschen Menschen sich ununterbrochen Wunder, aber wehe, jemand kommt ungefragt in einem vor.

»Ich kann nicht mehr.« Max macht eine Pause. Schluckt hörbar. »Ich weiß nicht mehr weiter. Alles ist eine Qual, schon das Aufstehen. Vorhin habe ich die Schleife an den Schuhen nicht zubekommen. Das geht so nicht.«

Dass seine Schwester ihn auf dieses Geständnis zum Arzt schicken würde, hat er bereits geahnt. Er braucht den Nachdruck in ihrer Stimme, um sich zu überwinden. Kaum hat er jedoch dessen Nummer gewählt, ist alle Unsicherheit verschwunden. Nun setzt er alles daran, bei der Sprechstundenhilfe möglichst noch am selben Tag einen Termin zu bekommen. Sein Tonfall ist jetzt nicht mehr zittrig, sondern hat die Festigkeit eines Versicherungsvertreters.

Dem Arzt gegenüber hält er, fast wortgleich, dieselbe Ansprache wie seiner Schwester, nur ohne Tränen. Und dieses Mal liefert er den Vorschlag, wie ihm zu helfen sei, gleich mit: in dem Spezialkrankenhaus am Chiemsee. Am liebsten würde er sofort los, ohne noch einmal in seine Wohnung zurückzukehren. Der Arzt dämpft seinen Enthusiasmus. Normalerweise gebe es eine wochenlange Wartezeit. Max sieht ihn mit einem Entsetzen an, das den Mediziner alarmiert. Also verspricht er, gleich bei den Kollegen anzurufen und sein Möglichstes zu versuchen.

Max bleibt allein in dem Sprechzimmer zurück. Vor dem Fenster landet ein Schwarm Raben in der Krone der kahlen Pappel. Rechts hinter dem Schreibtisch die Liege mit dem Abreißpapier und das Waschbecken. Durch die angelehnte Tür dringt das Lachen der Sprechstundenhilfe. Er weiß nicht, was er sich von der Klinik verspricht. Vielleicht, dass ihm etwas abgenommen wird. Die Verantwortung abgeben. Nicht mehr allein zu sein mit sich, als Kapitän auf einem Wrack, ohne Besatzung.

Die Tür geht wieder auf. Der Arzt bleibt, das Telefon in der Hand, auf der Schwelle stehen.

»Da haben Sie aber Glück gehabt. Zufällig ist ab morgen ein Bett frei geworden. Haben Sie jemanden, der Sie hinfährt?«

Max nickt, als wäre das selbstverständlich.

Auf einmal aber überzieht eine diffuse Angst seine Freude wie Nebel. Nichts erregt in ihm solche Abscheu wie Krankenhäuser. Bislang hat er erfolgreich einen Bogen darum geschlagen. Sogar in Gesprächen hat er sofort das Thema gewechselt, wenn er darauf angesprochen wurde.

»Da draußen sind Sie in den besten Händen. In den allerbesten. Nur Wunder dürfen Sie sich keine erwarten.«

Das Wort »Wunder« irritiert Max. Er würde es nie mit sich in Zusammenhang bringen. Höchstens dann, wenn man es so niedrig hängt, bis es eigentlich keines mehr ist: Dass er sich trotz all dem Scheiß jeden Morgen aus dem Bett quält, das könnte man als Wunder bezeichnen. Und natürlich zündet er ein Kerzlein an, wenn es in irgendeiner Wallfahrtskirche heißt, hier wären schon unzählige Wunder geschehen. Aber das war's dann auch.

Oft hat Max sich an solchen Orten gefragt, wie viel Wunder ein Mensch eigentlich erträgt. Was geschieht mit denen, denen eines widerfahren ist? Wie konnten die von Jesus Geheilten damit überhaupt einen Tag weiterleben? Was empfand der vormals Gelähmte, als drei Jahre später eine Arthrose im linken Knie einsetzte? Wie oft konnte man vom Tode auferstehen?

Größtes Mitleid hat Max mit der Nonne, die beim Tod Johannes Pauls II. von der Parkinson-Krankheit geheilt wurde. Jedes Zittern der Hände müsste doch eine Qual sein. Sie könnte sich ja bei einer Rückkehr der Symptome nicht einmal umbringen, ohne dass es auf den Seliggesprochenen zurückfiele. Was für eine Last, so ein Wunder im Gepäck!

So einfach ist es eben nicht. Ein Gelähmter steht nicht ohne Weiteres auf, nimmt seine Bahre und geht davon. Nicht, wenn er im ganzen Dorf als der Gelähmte bekannt ist. Dann macht man so etwas nicht, wenn man weiterhin ernst genommen werden möchte.

Je länger Max darüber grübelt, desto sicherer ist er sich: Er will in keinem Wunder vorkommen. Das wird ihm zwar wieder niemand abnehmen, aber dennoch.

Fast niemand.

Am nächsten Nachmittag sitzt er einer gut gelaunten Verwaltungsangestellten gegenüber, um sich anzumelden. Zu seiner Beruhigung sieht ihr Büro aus wie das in einer Behörde: Topfpflanzen, eine bunte Plastikgießkanne, eine abgedeckte Schreibmaschine. Sie hält ihm diverse Blätter hin, er unterschreibt alle an der angekreuzten Stelle, ohne sie durchzulesen. Das letzte Blatt wenigstens solle er sich anschauen, bittet sie. Die Termine für seine Untersuchungen am nächsten Tag. Zehn Minuten hätte er sich vor dem jeweiligen Zimmer einzufinden. Pünktlich.

Man quartiert ihn bei einem früh verrenteten Beamten ein. Max bekommt das Bett an der Wand. Seine Schwester, plötzlich wieder in jeder Geste Kinderpflegerin, räumt seine Sachen in den Spind.

Kaum ist sie draußen, seufzt sein Zimmergenosse auf und klingelt. Ein Pfleger kommt und begleitet ihn auf die Toilette. Max ist überrumpelt. Nicht einmal der Anschein von Privatsphäre wird aufrechterhalten: Die Badezimmertür bleibt offen.

Andächtig arrangiert er seine Habseligkeiten auf dem rollbaren Kasten neben seinem Bett. Die DVDs, den iPod, sein Notizbuch, wie ein kleiner Altar. Als er sich darin wiedererkennt, geht es ihm besser.

Bis zum Abendessen hat er noch eine Stunde. Er rollt durch die Gänge. Die Bilder an den Wänden wirken, als hätten sie sich mit ihrer eigenen Hässlichkeit abgefunden. Ihre einzige Funktion scheint zu sein, für Orientierung auf den sonst völlig identischen Fluren zu sorgen. Aus Mitleid sieht er sich einige genauer an: schief auf das Passepartout geklebte Drucke, lustlose Aquarelle längst vergangener Sonnenuntergänge. Selbst die Sonnenstrahlen wirken blass.

Die Raucher haben sich vor der Glastür zum Park zusammengerottet. Sie machen einen zufriedenen Eindruck. Max stellt sich ein paar Meter daneben. Ihre Gespräche kreisen um die Krankheit, um Prognosen und Medikamente. Es klingt wie bei Motorradfahrern, die sich liebevoll über die Macken ihrer Maschinen austauschen.

Beim Abendessen in einem von Neonröhren erleuchteten Raum wird geschwiegen. Die Stimmung erinnert Max an die in einem Benediktiner-Kloster. Selbst die Bitten um den Salzstreuer oder die Thermoskanne mit lauwarmem Tee werden weniger artikuliert als gedeutet. Die Stille unterbricht ein zu spät kommender Raucher, indem er an jedem Tisch die übrig gebliebenen Salamischeiben erbettelt. Ohne ein Kilo Fleisch am Tag würde er nicht überleben, erklärt er lauthals.

Zum ersten Mal sieht Max in einem Raum das ganze Elend seiner Krankheit versammelt: von den schief Hinaushinkenden bis zu der Frau, die nicht einmal mehr die Gabel halten kann. Krampfhaft versucht Max, sich nicht einzuordnen. Er sagt sich vor, dass es keine Logik gebe, schluckt immer wieder das Wort »Stadium« hinunter.

Die erste Nacht schläft er schlecht. Das Schnarchen seines Zimmernachbarn folgt, so wird ihm nach Stunden klar, einer gewissen Logik. Dennoch gelingt es ihm nicht, die kalkulierbaren Pausen zu nutzen.

Bei den Untersuchungen am Morgen gibt er den Musterpatienten: überpünktlich, gut gelaunt und in jeder Position zu Schäkereien aufgelegt. Er interessiert sich für die Urlaubserinnerungen einer technischen Assistentin, selbst als diese ihn fertig verkabelt hat und Stromstöße vom Zeh ins Hirn schickt.

Zwei Tage später kommt der erste Besuch. Sie treffen sich in der Cafeteria. Wenigstens tragen die Mitpatienten Jogginganzug und nicht Bademantel mit Infusionsständer, denkt Max. Dennoch spürt er, welche Überwindung es Tom kostet. Zumal dem der November in diesem Jahr besonders zusetzt. Eine alles überziehende Schwermut habe ihn erfasst. Die Arbeit sei wie ein zäher Kaugummi, doch endlich daheim, könne er nur noch an sie denken.

Zuerst ist es nur ein leichtes Unbehagen gewesen, in Toms Agentur, dann auch in der Beziehung. Mit den Jahren haben der Raubbau des Menschen an der Natur, all die offen und verborgen geführten Kriege, das alltägliche Krisengeraune daran angesetzt und ihn eingehüllt wie ein Kokon. Immer unbeweglicher wurde er, bekommt mittlerweile kaum noch Luft. Er fühlt sich, als würde er andauernd im falschen Zimmer sitzen. Reden kann er auch nicht mehr darüber, weil alles dazu schon ermüdend oft gesagt wurde. Man macht sich doch nur noch lächerlich, wenn man etwas verändern will. Die Welt verändern. Alle um Tom herum sind schon viel zu oft daran gescheitert, sich selbst zu ändern. Wo er auch hinsieht, macht er etwas falsch: Seine Frau behandelt er falsch, er kauft die falschen Dinge ein, bewegt sich nicht genug. Und wenn er sich bewegt, auch wieder nur falsch, nicht gelenkschonend. Selbst das Essen, in Studentenjahren seine größte Leidenschaft, ist ihm verleidet. Wenn es wenigstens scheußlich schmecken würde. Aber es schmeckt nicht scheußlich, sondern nur fad.

»Aber das ist natürlich alles nichts im Vergleich mit dem hier.« Tom deutet über die Plastiktische.

Um ihn aufzuheitern, erzählt Max von dem Salami-Sammler, von den schrägsten Untersuchungen, vom Schnarchen seines Zimmernachbarn. Nichts von den sinnlos verwarteten Stunden, nichts von den bedrückenden Gängen.

»Seit gestern bekomme ich wieder Kortison-Infusionen, ganz früh am Morgen. Ganz unchristlich früh. Von denen hab ich in den letzten Jahren schon mindestens dreißig erhalten, und noch nie, nie, nie eine Antithrombosespritze davor. Das haben sie hier exklusiv eingeführt. Zur Prävention, weil das Ganze einer steinalten Patientin mal nicht gutgetan hat. Aber ich hasse Spritzen. Heute Morgen war dann ein neuer Pfleger da. Er kam rein, murmelte meinen Namen und ging zielstrebig zu meinem Zimmergenossen. Als er ihn gebeten hat, den Bauch freizumachen, hat der nicht einmal gefragt, weshalb, sondern hat sich kommentarlos die für mich bestimmte Spritze geben lassen.«

Tom muss lachen, dann husten. Länger husten als lachen. Dennoch ist Max zufrieden. Immerhin ist es ihm gelungen, sogar diesen Umständen eine Geschichte abzutrotzen. Dass er selbst an diesem Ort dazu in der Lage ist, erfüllt ihn mit Stolz.

Zurück auf dem Zimmer, liegt eine Postkarte auf seinem Bett. Johanna hat aus dem Allgäu geschrieben. Auf der Vorderseite ist ein Gemälde von Caspar David Friedrich gedruckt, das zwei Männer am Strand zeigt. Hinter ihnen geht die Sonne oder der Mond unter. Auf der Rückseite schreibt sie:

»Mein lieber Max, ich weiß, dass du es nicht magst, wenn man seine Anteilnahme zu deutlich zeigt. Aber du kannst nichts dagegen tun, dass ich an dich denke. In einem wunderbar klugen Buch habe ich folgenden Ausspruch eines

Rabbiners gefunden, der mich an deinen letzten Besuch bei uns erinnert hat: ›Kein Halm ist auf Erden, der nicht im Himmel einen Schutzengel hat.‹ – Deine Johanna.«

Max überrollt eine Welle der Dankbarkeit. Die Karte arrangiert er inmitten seines kleinen Altars auf dem Nachttisch.

Er kann sich nicht erinnern, bei der Erstuntersuchung angegeben zu haben, dass er gerne einmal mit einer Psychologin sprechen würde. Dennoch steht sie eines Tages auf seinem Stundenplan.

Beim ersten Termin komme sie immer aufs Zimmer, etwaige Folgesitzungen würden dann bei ihr stattfinden, erklärt sie nach der Begrüßung. Sie entspricht weitgehend seinen Vorstellungen von einer Psychologin, aber nicht genug, um sie unsympathisch zu finden. Nachblondierte Haare, um die fünfzig und mit einer angenehmen Stimme.

Sie lässt ihn reden. Nach fünf Minuten denkt Max: Was für ein billiger Trick, um mich weich zu bekommen. Sie ahnt bestimmt, dass ich Schweigen nicht aushalten würde.

Nach einer halben Stunde sprudelt es so aus ihm heraus, dass er keine Zeit mehr hat, mit doppeltem Boden zu denken. Nie hätte er sich träumen lassen, wie befreiend es ist, im Krankenhaus jemandem ohne Hintersinn zu begegnen: nicht wie den Ärzten, denen er dauernd beweisen will, ihnen wenigstens intellektuell gewachsen zu sein. Am meisten überrascht ihn, dass er ihr nach ein paar pflichtschuldigen Bemerkungen über die Krankheit ganz andere Dinge erzählt. Von weit zurückliegenden Kränkungen, von der immer noch schmerzenden Trennung seines Lebens. Er ist mehr als seine Krankheit. Diese Einsicht tut ihm gut.

Im Anschluss schreibt er eine aufgekratzte Mail an Tom: Geh unbedingt auch mal zu einer Seelenklempnerin! – Er löscht sie erst ein paar Stunden später, bevor er den Einwahlcode fürs Internet bekommt.

Bei der Visite erklärt ihm die Stationsärztin ihr Vorhaben, in der kommenden Woche weitere Untersuchungen zu veranlassen, um über seinen Fall mehr Klarheit zu erlangen. Das bedeutete allerdings, dass sich sein Aufenthalt um ein paar Tage verlängern würde.

»Außerdem tun Ihnen die Anwendungen doch gut, oder?«

Max nickt, er will sie nicht enttäuschen. Dabei denkt er: Anwendungen sind wohl der Trostpreis.

Am Nachmittag sitzt er bei der nächsten in einem Raum, halb ausgelassenes Schwimmbecken, halb Labor, die Füße in einem Bottich voller Wasser. Auch die Unterarme ruhen in mit Flüssigkeit gefüllten Behältern. Durch alle Gliedmaßen fließt Strom. Gerade so stark, dass es nicht schmerzt und dennoch überall piekst. Wehmütig sieht er aus dem Fenster in die entlaubten Bäume. Da, wo er die Freiheit vermutet.

In Hollywood-Filmen ist Heilung irgendwie cooler, kommt ohne Bottiche und Stromstöße aus. Nach einer Schlägerei liegt der Held mit Verbänden am Tropf im Krankenhaus und empfängt Besuche wie der Papst. Eine rätselhaft schöne Frau steht plötzlich im Krankenzimmer, das Licht verändert sich. Er erkennt sie nicht, dabei ist es seine große Liebe, aber er hat bei der Schlägerei sein Gedächtnis verloren. Sie sagt ihm, er solle sich nicht aufregen, alles würde gut. Auch die füllige, dunkelhäutige Krankenschwester, deren Kittel über dem Busen spannt, erklärt dem Helden: »Schonen Sie sich!«

Plötzlich kehrt sein Gedächtnis zurück. Nun hat er keine Zeit mehr, sich zu schonen. Er reißt den Infusionsschlauch heraus und springt aus dem Bett. Zwei Einstellungen später schlägert er wieder herum, als ob nichts gewesen wäre … Heilung im Film ist hauptsächlich eine Herausforderung für die Maske. Sie macht aus dem Schauspieler wieder ihn selbst. Er wird gesund geschminkt. Im geheilten Zustand ist er genau der Gleiche wie vorher, der Krankenhausaufenthalt war nur eine kurze Regenerationsphase. Es gibt dort keine Rückschläge, die Langeweile des Klinikalltags wird übersprungen oder mit hübschen Mitpatientinnen kaschiert.

Dutzende Male hat Max so etwas gesehen, in Serien und Filmen. Immer diese eine Kameraeinstellung von der Tür auf ein Krankenbett, einen Tropf an der Seite, Statisten in weißen Kitteln hasten im Hintergrund vorbei. Oft genug jedenfalls, um seine Vorstellung von Heilung nachhaltig zu verändern. Er kann sie sich nur noch genau so vorstellen: anstrengungslos und vollkommen. Doch nun, in der Wirklichkeit dieses stromdurchfluteten Novembertages, entpuppt sie sich als viel kleinkarierter und vor allem langwieriger.

Irgendwo piepst es. Die Schwester kommt und reißt Max aus seinen Hollywood-Fantasien. Der Strom wird abgeschaltet, ihm wird ein Handtuch gereicht. Die Schwester sieht zu, wie er umständlich seine Schuhe anzieht. Helfen lassen möchte er sich nicht.

Auf dem Weg zurück zu seiner Station fährt er zwei jugendlich beschwingten Ärzten hinterher, die kopfschüttelnd ein Krankenzimmer verlassen haben.

»Dann halt nicht«, sagt der jüngere. Der andere nickt.

Max in ihrem Rücken auch.

Nach neun Tagen hält er es nicht mehr aus. Max dringt auf ein Gespräch. Am Nachmittag solle er sich in seinem Zimmer einfinden, lässt ihm die Stationsärztin ausrichten, der Oberarzt komme auch dazu.

Als alle da sind, wird der Zimmergenosse auf den Gang geschickt.

Die Untersuchungen haben nichts Neues ergeben. Ihm ist medizinisch im Moment nicht zu helfen. Weitere Verschlechterungen sehr wahrscheinlich, aber in ihrem zeitlichen Verlauf nicht voraussehbar.

Trotz aller ironischen Distanz hat er Mediziner bislang als Verbündete betrachtet. Nun können sie ihm auf einmal nicht mehr helfen. Erklären ihn für unheilbar. Für vogelfrei.

Niemand kann mir helfen. Zumindest hört er nichts anderes aus ihren Reden, als dass sie ihn aufgegeben haben.

Das Schiff, das in Johannas Teich leck geschlagen war, ist seitdem, ganz leise, voll Wasser gelaufen. Nun sinkt es, vollkommen geräuschlos. Hinterlässt nur ein paar Strudel. Max treibt, an eine blau-rote Luftmatratze geklammert, im Ozean. Er sieht die Ärzte an wie Fische unter sich, erst den Oberarzt, dann die Stationsärztin.

»Dann kann ich jetzt nach Hause, oder?«

Sie zählen noch ein paar Medikamente auf, die sollte man vielleicht einmal ausprobieren. Ein Chemo-Mittel helfe vielen, doch die Nebenwirkungen seien nicht unproblematisch, man müsse das gut abwägen. Oder eine Blutwäsche. Die Stationsärztin zieht ein paar zusammengetackerte Blätter aus dem Wägelchen mit den Krankenakten und drückt sie ihm in die Hand. Auch gäbe es neue, noch nicht zugelassene Tabletten zur Linderung seiner Symptome, die könnte sie ihm verschaffen, wenn er ... Max hört ihnen nicht mehr zu. Die Stationsärztin will ihn mit weiteren Untersuchungen und Anwendungen zum Bleiben überreden, bis er sie unterbricht: »Würde das irgendetwas ändern?«

Sie schüttelt den Kopf.

Schließlich einigen sie sich darauf, dass er am nächsten Tag entlassen wird. Aber wohin?

Puh! Was ist ein Krankenhaus doch für ein trostloser Ort. Wie gut, dass du dich aus eigener Kraft befreit hast. Ohne deine Unterstützung hätte ich dich da nicht rausgekriegt. Aber wie soll es jetzt weitergehen?

Immer wenn ich meine, verstanden zu haben, was in dir vorgeht, schlägst du einen Haken und läufst in die entgegengesetzte Richtung davon. Wie lange bist du jetzt schon auf der Flucht? Binnen einer Viertelstunde verfluchst du dein Leben und beglückwünschst dich dazu. Was hat nun mehr Gültigkeit? Woran soll ich mich halten? Mal bist du verzweifelt und grinst dabei. Dann bist du einsam, und zehn Minuten später läutet die nächste Verabredung.

Die um ihren Kater trauernde Frau in der Straßenbahn war viel geradliniger in ihrem Leid. Auch an sie kommt niemand heran, aber man weiß wenigstens, woran man ist. Selbst dein Freund Tom ist berechenbarer. Der lässt alle Anstrengungen von anderen, ihm sein Leben schönzureden, einfach an sich abperlen. Mehr noch, er fühlt sich in seinem Weltschmerz nur bestätigt.

Ihr alle, auch die sitzen gelassene Anke in Stuttgart, habt panische Angst, euch helfen zu lassen. Selbst sie, die für ihre Tochter alles tun würde, traut sich nicht, ihre Nachbarin zu bitten, einen Abend auf Felicitas aufzupassen. Lieber schlägt sie eine Einladung aus und bleibt deswegen zu Hause. Lieber hockt sie stundenlang an ihrem Küchentisch und träumt von einem neuen Mann, den sie dort mit etwas mehr Mut zur selben Zeit kennenlernen könnte ...

Eines habe ich mittlerweile gelernt: Wenn man euch einen Schubs in eine andere Richtung gibt, dürft ihr es auf keinen Fall merken. Sonst ist es sofort aus. Man muss überaus vorsichtig vorgehen. Beinahe könnte man sagen: durchtrieben.

Und man hört am besten weg, wenn ihr euch darüber beklagt, obwohl ihr euch nicht helfen lassen wollt, dass ihr euch allein und verloren in eurem Leid fühlt. Natürlich nur im stillen Kämmerlein.

Das alles sollte einem beigebracht werden, bevor man den ersten Auftrag übernimmt!

An seinem letzten Abend in der Klinik weiß Max nicht, wohin mit sich. Nirgendwo gibt es einen Rückzugsraum: Im Speisesaal decken die Schwesternhelferinnen schon das

Frühstücksgeschirr und Medikamente. In seinem Zimmer starrt der Bettnachbar beharrlich an die Wand. Da fällt ihm die Kapelle im Erdgeschoss ein. Jedes Mal, wenn er sie auf dem Rückweg von den Strombottichen passierte, war der Raum leer. Er bremst mit einer eleganten Drehung des Rollstuhls vor dem Lift und wartet. Nach längerem Geruckel in dessen Eingeweiden gehen die Türen auf. Drinnen steht eine blondierte Frau in Jogginghose und weißem T-Shirt. Die üppigen Brüste reichen bis fast auf den Rollator.

»Kannst du ruhig reinkommen«, grinst sie ihn an, »brauchst du keine Angst haben, bin ich glicklich verheiratet in Kroatien mit Mann.«

Nachdem sie herausbekommen hat, wohin Max unterwegs ist, beschließt sie, dass das auch ihr Ziel sei. Er nickt gequält. Während der Fahrt wiederholt sie, um sicherzugehen: »Brauchst du keine Angst haben. Muss nur haben mein Mann. Übrigens, bin ich Marja aus Zagreb.« Unablässig auf ihn einredend, folgt sie Max.

Nur ein kleines Fenster erleuchtet den Andachtsraum. Marja schaltet das Neonlicht ein. Vor einem schlichten Altar mit einem Messingkreuz darauf stehen zehn Reihen Jugendherbergsstühle, unterbrochen von einem Gang. In dem hält Max an, um Marja den Weg zu verstellen. Die Bremsen des Rollstuhls stellt er fest. Wie ein nervöser Panther läuft Marja hinter ihm auf und ab, unschlüssig über das weitere Vorgehen. Er aber hält den Kopf demütig gesenkt, bis sie sich verabschiedet.

»Geh ich Kaffeetrinken mit Schwester Birgit in Stationszimmer. Bin ich Stammgast bei ihr.«

Max hebt zur Verabschiedung die Hand und lauscht, ob sie auch wirklich geht: Der Lift kommt, der Rollator holpert hinein, die Türen schließen. Dann nichts mehr. Zu hören ist jetzt nur noch das Surren der Neonröhren und ein unbestimmbares Klopfen in der Wand. Er hält den Kopf in die Hände gestützt. Sie sind kalt wie Stein. Reflexartig zieht er den Reißverschluss seines Kapuzenpullis zu.

Ein paar Minuten vergehen. In der Stille hört er die nackten Zweige einer Kastanie über die Scheiben des kleinen Fensters streichen.

Zunächst unmerklich verändert sich etwas, ganz gemächlich. Max sieht hinter sich, aber da ist niemand. Dennoch hat er das Gefühl, nicht mehr allein zu sein. Es fühlt sich an, wie wenn nach einer Feier der Raum noch vom Lachen und den Gesprächen der Gäste erfüllt ist.

Auf einmal ahnt er, dass es etwas mit dem Altar zu tun hat. Genauer noch, mit dem Kreuz darauf. Er löst die Bremsen, rollt bis auf drei Meter heran und betrachtet den jungen Mann. Viel zu schmächtig und ausgemergelt, selbst für dieses kleine Kreuz, das Lendentuch hängt ihm fast bis zu den Knien.

Plötzlich weiß er es: dieses angenagelte Menschenkind, seine Nacktheit, die Dornenkrone. Der ist mit ihm hier. Sein Schatten, Abbild, Aura – was auch immer – ist irgendwie lebendig in seinem Leid, seiner Einsamkeit, seinem Sterben.

Zigtausende Kreuze hat Max in seinem Leben schon gesehen, und doch sieht er dieses wie zum ersten Mal. Zum ersten Mal kann er erahnen, was dieser Mann leidet. Nicht nur was, sondern auch wie sich sein Leiden anfühlt.

Der Gekreuzigte schweigt. Spricht nicht zu Max. Er ist einfach nur da. Das also heißt es: sein Kreuz zu tragen, an dem man vergehen wird. – Dieses Erkennen tröstet Max, ohne dass er sich deswegen unwohl fühlt. Niemand verlangt eine Rechtfertigung von ihm, kein Glaubensbekenntnis.

Tränen laufen ihm über die Wangen. Ohne zu überlegen, was er tut, beginnt er mit knarziger Stimme zu beten. Zum ersten Mal seit so vielen Jahren. Da er kein anderes Gebet kennt, wird es das Vaterunser.

Manche Worte wollen ihm nicht über die Lippen, beinahe verschluckt er sich daran. Manche kleben am Rachen wie ein Hustenbonbon. Dabei sind die meisten doch alltagstauglich und harmlos.

Er kann es selbst kaum fassen: Er betet. Leiernd zwar, aber immerhin.

Die Tränen fließen jetzt wie Regentropfen an einer Scheibe hinunter und klatschen nicht mehr wie vom Sturm gepeitscht dagegen. Zum Schluss hin – denn dein ist das Reich – wird seine Stimme sicher – und die Kraft – ja, Kraft, das ist es! – und die Herrlichkeit, in Ewigkeit.

Amen.

Das ist mehr als ein Schlusspunkt, es umschließt seine Verzweiflung wie seine Hoffnung.

Und auf eigene Faust fährt Max fort: »Lass mich wenigstens einmal verschnaufen, bevor es weitergeht!« Das überrascht ihn. Er räuspert sich und sagt es noch einmal, lauter diesmal: »Lass mich bitte, bitte verschnaufen, bevor es weitergeht!«

Marja ist nicht in das Stationszimmer gefahren. Sie steht am Ende eines Ganges vor dem Fenster zum Park. Wenigstens betet der Junge, wenn er schon stumm wie Fisch ist, versucht sie ihren Ärger zu beruhigen. Solche wie ihn hat sie hier schon oft getroffen, schauen wie Ärzte und haben Schiss wie Kinder, immer waren es Männer.

Von den Rauchern draußen sieht man nur rot aufglühende Punkte. Dennoch meint sie, eine Freundin zu erkennen. Sie treffen sich hier schon seit Jahren. Die ist anders, mit der kann man reden von Gleich zu Gleich. Marja steckt die rechte Hand in die Jackentasche und greift nach dem Rosenkranz.

Auch sie hat in den letzten Tagen viel gebetet. Zu allen echten und zu einigen zweifelhaften Heiligen, vor allem aber zu ihrer Namenspatronin. Zu ihr hat sie ein fast kumpelhaftes Verhältnis entwickelt. Den Rosenkranz braucht sie eigentlich nicht mehr. Auch so steht der Kontakt. Das Beten und Anrufen und sich Bekreuzigen ist so Teil ihres Alltags, dass sie dafür keine Regeln braucht.

Anlässe gibt es ja laufend. Seit einer Woche geht es um die Kur. Die steht auf der Liste ihrer Wünsche an die Gottesmutter ganz oben, noch vor dem nach dem Wohlergehen ihres Mannes und der hochbetagten Mutter. Konkret geht es darum, ob die Kosten von der Krankenkasse übernommen werden.

Als der Stationsarzt bei der Morgenvisite die frohe Botschaft überbringt: ja, die Kasse zahlt, lauert sie allen Freunden in der Empfangshalle auf, um ihr Glück mit ihnen zu teilen.

Kurz vor dem Mittagessen kommen Max und seine Schwester des Wegs. Sie trägt die vollgepackte Tasche über der Schulter. Marja stellt sich ihnen in den Weg.

»Gehst du schon? Gelobt sei Maria! Gottesmutter hat geholfen. Darf ich in Kur vier Wochen. Musst du auch fleißig beten. Dann kannst du mich besuchen. Können wir uns wieder lange unterhalten dort.«

9.
Manchen Menschen hilft sogar Quark, allerdings nur wenn sie ihn eigenhändig verquirlt haben.

Max ist kaum zur Wohnungstür herein, da würde er am liebsten alle Möbel umstellen oder, noch besser, sich vollkommen neu einrichten. Seine Schwester nickt und räumt die unbenutzte Wäsche zurück in den Schrank.

»Hat das nicht Zeit bis morgen?«

»Mir kommt es vor, als wäre ich zehn Jahre im Gefängnis gewesen.«

»Du warst aber nur zehn Tage am Chiemsee.«

Dagegen lässt sich nichts sagen. Dennoch muss nun etwas geschehen, damit er sich wieder als freier Mensch fühlen kann. Aktionismus scheint jetzt die einzige Rettung. Spontan beschließt er, seine Ernährung umzustellen. Aber wie? In irgendeiner Klarsichthülle hat er alle Mails mit diesbezüglichen und anderen wohlgemeinten Vorschlägen für sein Heil gesammelt. Er zieht sie aus dem Stapel mit Hüllen zu anderen nicht beendeten Projekten.

»Da«, ruft er seiner Schwester zu, die inzwischen mit der Waschmaschine beschäftigt ist. »Das mache ich: jeden Tag am Morgen drei Esslöffel Quark mit drei Esslöffel Leinöl und Honig verquirlen. Soll zwar eklig schmecken, aber hochwirksam sein. Kannst du mir Leinöl besorgen? Aber kalt gepresst.«

Und auf Alkohol und Fett würde er künftig verzichten. Bewusster essen, kein Fleisch. Stattdessen nur noch Omega-Drei-Säuren und Vitamin irgendwas, das ganze Programm.

»Und nach drei Monaten hole ich das vergammelte Zeug dann wieder aus deinem Kühlschrank«, sagt seine Schwester.

Er fühlt sich ertappt. Dieses Mal wird es anders sein, dieses Mal ist es wirklich dringend. Wenn ihm die Ärzte nicht helfen können, muss er die Sache selbst in die Hand nehmen. Selbst dann, wenn es aussichtslos ist.

Außerdem würde er wieder mit Yoga beginnen, behauptet er, um sie zu beruhigen. Auch hierzu gibt es eine Klarsichthülle mit Zetteln. Die hat ihm der indische Lehrer gemalt, bei jeder Stunde einen. Für die Strichmännchen stellt keine der Verrenkungen ein Problem dar.

Seine Schwester ist fertig.

»Also, ich kaufe dir morgen dein Öl und den Quark, Honig ist noch da, habe ich gesehen. Aber du musst das nicht machen. Wenn es ganz scheußlich ist, lass es sein.«

Nachdem sie gegangen ist, legt sich Max aufs Bett und versucht es mit den Strichmännchen. So schwer kann das doch nicht sein, obwohl es ihn furchtbar anstrengt, auf allen Vieren nicht umzukippen. Das wird schon, redet er sich ein, ab sofort jeden Tag eine halbe Stunde am Morgen und am Abend. Am besten, er schließt an das Programm gleich noch Muskelaufbau an. In der Klinik hat ihn eine Physiotherapeutin gewarnt, dass seine Beinmuskulatur ohne Training ganz verschwände.

Also zusätzlich Übungen mit dem dehnbaren Plastikband.

Erschöpft schaltet er das Licht aus. Einige Minuten genießt er die Stille in seinem Zimmer, bevor er einschläft.

Mitten in der Nacht schreckt er auf und weiß schlagartig, dass er sich übernommen hat. Sein Oberschenkel hat sich schmerzhaft verkrampft. Wie konnte er nur vergessen, dass ein Muskelkater ihn komplett lahmlegen würde! Das Bein gäbe dann bei der geringsten Belastung nach. Und den Rollstuhl hat er auch nicht neben das Bett gestellt. Wie konnte er nur so unvorsichtig sein!

Um es nicht auf einen Sturz ankommen zu lassen, lässt er sich am Morgen auf das Parkett sinken und kriecht die drei Meter bis zum Rollstuhl. Irgendwie gelingt es ihm, sich an der Türklinke hochzuziehen. Seine Oberschenkel halten das Gewicht aus. Mit einem glücklichen Lächeln lässt er sich fallen. Was für ein Wunder!

Diese Sorte »Wunder« kannst du getrost deinem eigenen Körper zuschreiben, da hat niemand sonst seine Finger im Spiel. – Wenn du dem doch wenigstens ansatzweise so dankbar wärst wie deiner Schwester, die wenig später Leinöl und Quark vorbeibringt! Aber nein: Dein Körper hat zu funktionieren und nichts weiter. Und tut er es nicht nach deinen Erwartungen, schaust du gar nicht erst genauer hin, sondern suchst sofort außerhalb von dir nach einer Ersatzlösung: nimmst ein Taxi, meidest Cafés mit Toiletten im Keller, verzichtest wegen der Knöpfe auf Hemden … Auf eine Auseinandersetzung mit deinem Körper lässt du dich erst gar nicht ein. Das setze *ich* jetzt auf das Trainigsprogramm.

10.
Menschen hinterfragen ihr Glück so lange, bis es weg ist.

»Warum sagst du eigentlich nie, wie es dir wirklich geht?« Tom reckt den Hals vor wie der Staatsanwalt im Tatort.

»Weil –«, Max zögert, »weil ich mich an vielen Tagen außerhalb des Bereichs für eine angemessene Antwort auf diese Frage fühle.«

Eigentlich aber hält er die meisten Frager – vor allem Tom – für zu zartbesaitet, um ihnen die volle Wahrheit zuzumuten.

»Du leidest immer so still. Nimm dir mal ein Beispiel an Hiob, den Leidenden vom Dienst aus der Bibel. Der jammert, was das Zeug hält, und wird am Ende sogar noch mit Kamelen und Haremsdamen dafür belohnt.«

»Kamele waren noch nie mein Fall.«

»Ist ja auch egal. Aber spiel nicht immer den Helden, wenn du keiner bist. Du bist schon genug Held, selbst wenn du keinen spielst. Also, du weißt schon, was ich meine.« Tom schaut seinen Freund hilfesuchend an.

Empörung steigt in Max hoch: Bekommt er jetzt selbst für seine Diskretion einen Rüffler? Er nickt sie hinunter und sagt vieldeutig: »Jammern will eben gelernt sein.«

Nachdem Tom gegangen ist, schlägt er die Schulbibel seiner Schwester auf, die seit dem Krankenhausaufenthalt unberührt auf seinem Schreibtisch liegt, und liest das Buch Hiob in einem Zug durch.

Der Prolog ist grausam. Was Hiob nämlich nicht weiß, nur der Leser: Er ist bloß ein Versuchskaninchen. Der Herr und der Satan wetten miteinander, ob man Hiob so quälen könne, bis er vom Glauben abfalle. *(Mein Gott, treibst du solche Spielchen auch mit mir?)* Gott stellt sich zwar hinter seine Kreatur, gibt ihn aber im selben Atemzug zum Abschuss frei. Also nimmt der Teufel Hiob erst einmal den kompletten Besitz weg. Als das nichts hilft, vergreift er sich an Hiobs Körper und überzieht ihn mit einem entstellenden Aussatz. Damit geht er auf Nummer sicher: Zum Schmerz kommt noch die gesellschaftliche Ächtung.

Die herbeigerufenen Freunde sind so erschreckt über Hiobs Anblick, dass sie erst einmal heftig weinen. Lauter Toms? Dann setzen sie sich zusammen, um zu reden. Doch ein richtiges Gespräch will nicht aufkommen, eher ein Rededuell, während dem beide Parteien um die Trosthoheit kämpfen. Hiob lamentiert und jammert nach allen Regeln der rhetorischen Kunst, ohne sich jedoch explizit von Gott abzuwenden. Was seine Freunde dauernd falsch verstehen und ihm Lästerei vorwerfen. Mittendrin sagt Hiob: »Ähnliches habe ich schon viel gehört; leidige Tröster seid ihr alle. Sind nun zu Ende die windigen Worte?«

Also will er nur von ihnen getröstet werden? Warum sagt er dies dann nicht einfach? Von alleine kommen seine sogenannten Freunde anscheinend nicht darauf. Im Gegenteil, sie echauffieren sich nur noch mehr. Immer unversöhnlicher geraten sie aneinander.

Fünf Seiten später versteht Max nicht mehr, worum es bei der Auseinandersetzung eigentlich geht. Und unterstellt den Streitenden, dass sie es auch nicht mehr wissen. Es ist wie so oft: Der Leidende leidet, und die vermeintlichen Tröster reden an ihm vorbei. Zwischen ihnen gibt es kein Verstehen, kein Aufeinanderhören, kein Aufeinandereingehen. Letztlich geht es nur darum, wer sich als Erster der Sicht des anderen beugt.

Dabei erklärt Hiob nun schon zum wiederholten Male, was er sich von seinen Freunden erwartet. Sein frommer, unerhörter Wunsch lautet ganz schlicht: »Hört, hört doch auf mein Wort, das wäre mir schon Trost von euch. Ertragt mich, so dass ich reden kann.«

Soll das wirklich alles sein: jemand zu haben, der zuhört? Kann Trost so billig zu haben sein? Die Antwort bleibt aus.

Am Schluss verliert selbst Gott die Geduld und schaltet sich in das Gespräch ein. (Max versteht ihn genauso wenig wie die anderen.) Weiß der Himmel wie, kommt er schließlich auf das Krokodil zu sprechen und lobt sich ausführlich für dessen Erschaffung. Nichts Vergleichbares sei ihm gelungen. Anscheinend ist ihm diese Liebeserklärung jedoch selbst peinlich. Also heilt er Hiob kurzerhand und schenkt ihm nicht nur Reichtum, unglaublich viele Schafe, sieben neue Söhne und drei Töchter, sondern auch noch ein Leben bis 140. Kein Wort jedoch von einem Harem.

Max blättert noch einmal zurück: »Sein Niesen lässt Licht aufleuchten, seine Augen sind wie des Frührots Wimpern.« – Was, wenn diesem Gott die Menschen gar nicht wichtig sind, weil er nur sein verdammtes Krokodil im Sinn hat? Vielleicht interessiert er sich gar nicht für meinen Schmerz. Vielleicht interessiert sich niemand dafür, wie bei Hiob. Man lässt ihn reden, mehr nicht. – Von diesem Gedanken verschreckt, schlägt Max die Bibel zu.

Es ist dir wirklich hoch anzurechnen, dass du die Idee, von nun an jeden Tag in der Bibel zu lesen, am besten noch mit Gleichgesinnten, gleich wieder verworfen hast. Das hätte einfach nicht gepasst. Die wichtigen Dinge wirst du auch in Zukunft nicht da finden, wo du sie suchst. Aber das weißt du selbst. – In dem grünen Buch beispielsweise, ganz oben auf dem Stapel mit den zusammengeschenkten Gesundheits- und Glücksratgebern stünde so ein tröstender Satz: *Wenn ich gleich kein ander Buch hätte als nur mein Buch, das ich selber bin, so hab ich Bücher g'nug. Liegt doch die ganze Bibel in mir.*

Pustekuchen. Als ob du meine Erleichterung gespürt hättest, beinahe um mir eins auszuwischen, beschließt du wenige Tage später etwas noch ... Frömmlerisches. (Nichts gegen die Frommen, aber – egal.)

Dass er ab sofort jeden Sonntag in die Kirche gehen wird, gesteht er nicht einmal seiner Schwester. Und auch sonst niemandem. Er schämt sich dessen ein wenig. In seinem Freundeskreis gibt es niemanden, der einen Gottesdienstbesuch über Weihnachten, Taufen und Hochzeiten hinaus nicht als Notruf verstehen würde. Allein die Ankündigung würde wieder zu besorgten Blicken führen. Das will er allen Beteiligten ersparen.

Im Grunde weiß er selbst nicht, was er sich davon verspricht. Der Impuls ist auf einmal da gewesen, wie ein unaufschiebbarer Geschenkewunsch in Kindertagen. Ohne einen Kran mit Stützen, ohne Modelleisenbahn kann man nicht mehr leben.

Am Glauben kann es nicht liegen. Der ist auch in der Krankenhauskapelle nicht plötzlich erwacht. Wie die meisten um ihn herum ist er unschlüssig. Am liebsten würde er sich alle Hintertüren offen lassen, sich ja nicht festlegen auf einen dreieinigen Gott, das ewige Leben ... Er flüchtet sich in Formulierungen wie: Prinzipiell bin ich nicht der Meinung, mit dem Tod wäre alles zu Ende, weil ja nie irgendetwas ganz zu Ende ist. Hauptsache unverbindlich, selbst wenn es um alles geht.

Die professionellen Glaubenspropagandisten nerven ihn mit ihrem süßlichen Tonfall der Selbstgewissheit. Und bei aller Solidarität mit dem Leiden Christi möchte er nicht jede verunglückte Äußerung des Papstes verteidigen müssen.

Während des Gottesdienstes gelingt es Max kaum eine Sekunde, sich zu konzentrieren. Zu sehr ist er damit beschäftigt, die spöttischen Stimmen in seinem Inneren zum Schweigen zu bringen: Jeder Gottesdienstbesucher wird einer nicht bestehbaren Prüfung unterzogen. Die eine schaut ihm zu unterwürfig, bei der anderen stört ihn der lila Schal, beim dritten dessen gespielt gequälter Gesichtsausdruck beim Gang zur Kommunion. Und dann der Klerus mit seinen Assistenten! Die Turnschuhe der Ministranten wirken viel glaubhafter als das Übergewand. Der polnische Priester leiert seine Predigt herunter wie ein zwangsweise auswendig gelerntes Gedicht. Und die Orgel dudelt entseelt wie im Kaufhaus. – Max ist unwohl mit sich selbst. Warum bringt er bei seinen Freunden eine vor Jahren unbekannte Nachsicht auf, hört sich geduldig Toms Klagen über den Job an, Sylvias begeisterte Berichte über völlig obskure Heiler und urteilt hier ihm völlig Fremde anhand von Belanglosigkeiten ab? Er hat keine Ahnung, warum. Und das ärgert ihn. Sehnt er sich etwa ein Erlebnis wie in der Kapelle des Krankenhauses herbei, hier in der Betonkirche im Münchner Westend? Das würde ihm auch nicht passen, genausowenig wie der graustichige Glaubensalltag.

Wieder auf der Straße, ist er trotz allem überrascht von einem Gefühl der Zufriedenheit, wie nach einem ausgefüllten Arbeitstag. Als hätte er etwas geleistet. Er kann es sich nicht erklären. Kurzentschlossen fährt er in den kleinen Park hinter der Bavaria. Alle Passanten strahlt er an, und diese lächeln zurück. Eine alte Frau auf einer Bank hebt sogar grüßend die Hand.

Ein Jugendlicher überholt ihn mit einem Mountainbike. Wenige Meter weiter hält er mit einer Vollbremsung. Er ist vielleicht vierzehn Jahre alt, dunkelhäutig. Das blau-weiße Fußballertrikot schlackert um seinen Körper, die Haare sind kurz geschoren. Er schiebt das Fahrrad bis zum Steinsockel eines Denkmals und lehnt es dagegen: darauf eine aus Gusseisen gestaltete Hirschkuh in Originalgröße. Der Junge berührt sie kurz mit der Hand an einem Huf. Dann bückt er sich, hebt ein Blatt auf und legt es auf die Steinplatte unter ihrem Bauch.

Max fährt weiter, doch nach zehn Metern dreht er sich noch einmal um. Der Junge steht hinter der Hirschkuh und drückt mit geschlossenen Augen seine Stirn gegen ihren Hinterlauf.

Das hättest du nicht sehen dürfen. Diese Geste ist nicht für dich bestimmt gewesen. Manchmal muss einer von meinem Schlag sich eben ausruhen für einige Augenblicke. – Wie gut, dass du die Situation nicht erfasst hast. Man kann dir deine Blindheit nicht vorwerfen. In den meisten Fällen ist sie ja auch ganz hilfreich. Würdest du dich jetzt noch einmal umdrehen, wäre der Junge mit dem Mountainbike verschwunden. Als hätte er sich in Luft aufgelöst. Dann hätte ich ein Problem mehr. Gerade bei einem suchenden Skeptiker wie dir. Aber ich kann ganz unbesorgt sein. In Gedanken bist du immer noch bei dem sonderbar juckenden Unbehagen mit der Kirche.

11.
Zu viel gute Erziehung schadet der Gesundheit.

Max kennt Vera nur so, wie sie jetzt ist. Sie hingegen behauptet, noch vor ein paar Jahren eine ganz andere gewesen zu sein. Da stagnierte ihre Laufbahn als Bibliothekarin, mit ihrem Sohn gab es Ärger … sie wusste nicht mehr, wie es weitergehen sollte. Da empfahl eine Freundin Margot. Die Schweizerin behandelt einmal monatlich im Chiemgau. Mit ihr bespricht Vera seitdem alle wichtigen Entscheidungen.

Als sie jedoch das Wort »Energiearbeit« in den Mund nimmt, bereut Max seine Frage, ob sie ihn einmal mitnehmen würde. Doch dann sagt er sich, dass sein Zustand solche Empfindlichkeiten nicht erlaubt.

An einem milden Wintertag fahren sie mit Veras röhrendem VW-Bus los. Kaum sind sie auf der Autobahn, überfällt beide eine ungestüme Freude, so als brächen sie zu einem Italien-Urlaub auf. Ein Versprechen liegt in der Luft, nach etwas Großem, einem wilden Sommerabenteuer. Doch in seine Aufregung ist auch Angst gemischt. Erst nach der Abfahrt nämlich hat Vera ihn darüber aufgeklärt, dass Margot mit Hypnose arbeitet. Aber sie gehe sehr verantwortlich damit um. Und außerdem könne er die Behandlung jederzeit abbrechen. Plötzlich hat Max Schiss vor der eigenen Courage.

»Die Heilung muss ganz tief innen beginnen, da kommst du nur mit Hypnose ran«, behauptet Vera.

Solange sie nicht an mir herumfummelt, werde ich mich darauf einlassen, beschließt er. Aber noch eine Untersuchung wie in der Klinik würde er nicht ertragen.

»Hauptsache, Margot behält ihre Hände bei sich«, erklärt er großspurig.

Vera kichert wie auf dem Pausenhof.

Die Hypnotiseurin entpuppt sich als äußerst harmlos: statt buschiger Augenbrauen schwarze Locken, Sopran statt Bass. Und ihr Kabinett ist nur ein mit bunten Schals aufgehübschter Hobbykeller.

Wie die Krankenhauspsychologin lässt sie ihn erst einmal reden. Den Einleitungsteil mit seinem Krankheitsverlauf spult er in Rekordtempo herunter. Sie kommentiert das nur mit ein paar Sätzen. Zwei von ihnen verheddern sich sofort in ihm. Die wird er wohl so schnell nicht wieder loswerden, obwohl er sie nicht versteht. Zunächst lehnt er sich gegen ihre Banalität auf. Und spürt gleichzeitig, dass dahinter mehr steckt als der Ärger, für solche Erkenntnisse zweihundert Euro zu zahlen.

»Gesundsein ist normal«, sagt Margot. Und wenig später: »Du musst nicht anders sein.«

Unterstellt sie ihm etwa, nicht gesund werden zu wollen? Woher nimmt sie das? Sieht man ihm so etwas an? Max wird rot.

Bevor er mit Rechtfertigungen beginnen kann, fordert sie ihn auf, sich auf die Liege zu legen. Irgendwo hinter seinem Kopf drückt sie auf den Anschaltknopf der Stereoanlage.

Sanft säuselt und plätschert es. Selbst Sylvia würde so etwas nur abfällig als Eso-Mucke bezeichnen.

An das, was Margot während der Hypnose sagt, wird er sich später nicht genau erinnern. Nicht weil er ins Koma fällt, sondern weil sie eher belanglose Worte benutzt. Die Beruhigungsfloskeln einer Mutter an der Wiege, übersetzt für einen skeptischen Erwachsenen. Sicher ist er sich danach nur, dass er auf einmal angefangen hat zu weinen. Die Tränen liefen ihm aus den Augen, als hätte er sein Leben lang darauf gewartet, endlich hypnotisiert zu werden.

Anschließend entlässt sie ihn ohne jede Verhaltensmaßregel oder sonstige Anweisungen. Max ist ein wenig enttäuscht; in diesem Zustand der Aufgelöstheit hätte er sogar ein Verbot angenommen. Stattdessen bittet sie Vera hinein und entlässt ihn in den Garten.

Während Veras Stunde sitzt Max in der Nachmittagssonne auf einer Bank vor dem Haus. Vor sich die Berge und ein südlich leuchtender Himmel. Zunächst denkt er über »Gesundsein ist normal« und »Du musst nicht anders sein« nach. Irgendetwas taut in ihm. Oder ist es nur der Schnee auf den Gipfeln? Schon ein paarmal hat er während der letzten Jahre darüber nachgedacht, ob er sich aus Lebenslangeweile an seine Krankheit klammern würde. Hat sie das gemeint?

Die Aufmerksamkeit auf sich gerichtet zu halten, fällt ihm schwer. Bald schon schweift er ab und ist wieder bei den Vorbereitungen zu seinem Rom-Roman.

Margot hat vorgeschlagen, die nächste Sitzung telefonisch abzuhalten. Das hätte sich bewährt. Bevor Max sie anruft, zieht er vorsichtshalber die Vorhänge zu und schaltet, wie sie ihm aufgetragen hat, die Wohnungsklingel ab. Schließlich legt er sich auf das Sofa im Wohnzimmer.

Das Vorgespräch ist kurz und verstörend. Anscheinend hat Margot die Karteikarten verwechselt. Eingehend erkundigt sie sich, was seine nicht existierende Freundin zu seinen Fortschritten sagen würde. Um sie nicht zu brüskieren, tut Max so, als ob Vera seine Freundin wäre. Immerhin hat sie bei der Rückfahrt die ersten positiven Auswirkungen an ihm wahrgenommen. Um seine Augen sei angeblich ein ganz neuer Zug gewesen: etwas Entspanntes, beinahe Gelöstes. – Margot ist zufrieden.

Von ihr aus könnten sie loslegen. Max klemmt das Telefon zwischen Backe und Schulter und schließt die Augen. Die Einleitungssätze kommen ihm bekannt vor, wie ein Schlummerlied. Ein Gefühl von Müdigkeit erfasst ihn.

Eine gute Viertelstunde mag vergangen sein, als seine Blase ihn an die Oberfläche reißt mit dem Befehl, sich unverzüglich auf die Toilette zu begeben. Sie duldet keine Ausflüchte. Was tun? Die Behandlung unterbrechen und Margot damit signalisieren, er wäre gar nicht in Hypnose? Das bringt er nicht über sich. Lieber beschämt er sich selbst als sie. Und so ergibt er sich in das Unvermeidliche ... Dabei atmet er ruhig und achtsam in den Hörer, wie ein Mensch, der gerade das Tor zur Heilung aufstößt.

Kranksein ist definitiv *nicht* normal.

Nach dem Gespräch lässt er die Hand mit dem Telefon sinken. Margot hat er versprochen, sich wegen des nächsten Termins zu melden ... Er wird es nicht tun, das steht fest.

Grimmig schweigt er in sich hinein, bis ein Lachanfall ihn in die Welt zurückschüttelt. Laut dichtet er in die Stille des Vormittags:

»Nach Hypnose
Nasse Hose.«

Du meinst wohl, alles wäre ein Spiel, bei dem man nach Lust und Laune einsteigen und wieder aufhören kann. Hier zugreifen und dort, ganz nach Belieben. Das allein wäre nicht weiter schlimm. Schwerer wiegt, dass du dich treiben lässt, ohne etwas zu wollen. Dich irgendwie durch den Tag zu schummeln, reicht dir vollauf. Wenn du dich bisher zu etwas aufgerafft hat, so ist es höchstens um eine weitere Anekdote gegangen. Alle Bemühungen von anderen, dich auf deinen Körper aufmerksam zu machen, hast du nicht einmal wahrgenommen. Von der nassen Hose hast du dich so ablenken lassen, dass du Margot gleich mit entsorgst.

Doch je weiter du dich von deinem Körper entfernst, desto stärker musst du dich an diese Krankheit klammern. Sie ist die einzige Verbindung zu ihm.

12.
Fußballer weinen nicht, selbst wenn ihnen danach ist – diese Memmen!

Eigentlich wollte der beleibte Mann mit der dunkelroten Gesichtsfarbe gerade aufstehen. Doch als sich Max zu ihm an den Tisch setzt, bestellt er noch ein Bier. Nach dem ersten Zug seufzt er lauf auf. Max weiß, ohne hinzuschauen, dass der Mann unbedingt mit ihm ins Gespräch kommen möchte.

Ohne sich von seiner Einsilbigkeit abschrecken zu lassen, kitzelt er den Grund für den Rollstuhl aus Max heraus. Und schon geht es los. Er hat nur einen Aufhänger für sein eigenes Leid gebraucht. Max kennt so etwas: Viele überspringen die Mitleidsbekundungen und gehen gleich zu ihren Krankheiten über. In diesem Fall vier Bandscheibenvorfälle in Folge. Max nickt routiniert wie ein Orthopäde. Das müsse ordentlich wehgetan haben.

»Ja, schon«, sagt der Mann, wieder seufzend, »aber das ist noch nicht das Schlimmste.« Er nimmt einen Schluck Bier und beugt sich zu Max. »Denkst du auch so oft an die Endlichkeit? Wenn man da einmal drin ist, in solchen Gedanken, kommt man nicht mehr aus.«

Ja, an die Endlichkeit seines Körpers würde er täglich erinnert, gesteht Max. Aber was ist das schon im Vergleich zu fünf familiären Todesfällen innerhalb eines halben Jahres, einem mehr als die Bandscheiben. Zuerst die Mutter, kurz danach die Schwiegermutter, beide kurz vor ihrem Neunzigsten. Verrückt, nicht wahr? Die letzten Stunden der Mutter, da wäre doch so etwas wie Erlösung zu spüren gewesen. Wie sie noch einmal aus der Umnachtung erwachte, ganz klar und rein, auch die Augen, und zu ihm gewandt gesagt hätte: »Schön, dass du auch da bist.« – Der Mann hält die Tränen nicht mehr zurück. Sie laufen über die rot geäderten Backen in seinen Vollbart.

Max überlegt fieberhaft, was er sagen könnte, ein Wort des Trostes. Aber das meiste geht ja doch schief. Auf Krankheiten ist er eingestellt, auf Behinderungen sowieso, aber nicht auf Trauerverzweiflung. Bei den Krankheiten reicht es meist, Lebensfreude zu dokumentieren. Hauptsache, das Gegenüber kann sich mit ihm vergleichen und schneidet dabei gut ab. Gegen den Tod aber kommt selbst ein Rollstuhl nicht an.

Plötzlich steht Tom, wie Jesus auf manchen Bildern, hinter dem weinenden Mann. Der dreht sich schniefend um und schiebt Tom einen Stuhl hin. Max unternimmt nichts, um bei seinem Freund den Eindruck zu zerstreuen, der Trauernde wäre ein alter Bekannter.

Dieser spricht einfach weiter und berichtet nun vom Sterben der Schwiegermutter. Max beobachtet dabei Tom, der dem Mann interessiert zuhört. Allmählich wird ihm klar, dass der Mann nicht zwangsläufig getröstet werden will. Ihm reicht vollkommen, wenn ihm jemand zuhört, wenn er sein Leid umpacken kann, von der rechten auf die linke Schulter. Getröstetwerden würde ja einschließen, zumindest auf ein kleines Stück Trauer verzichten zu können. Das möchte der Mann auf keinen Fall. Sie ist ihm viel zu teuer und hilft ihm über die Schmerzen wegen der Bandscheibenvorfälle und vieles andere hinweg. Sie ist Teil seines Lebens, ein Stück Existenzberechtigung sogar. Nun, wo seine Familie fast ausgelöscht ist.

Am Ende der Geschichte ist sein Bierglas leer. Mit Handschlag verabschiedet er sich. Kaum ist er weg, lacht Tom hustend. Noch so eine Art, sich den Tod vom Leib zu halten, denkt Max.

Tom grinst. »Ich habe schon gedacht, sie stirbt gar nicht.«
»Dabei hast du nur den Bonus-Track gehört.«

Nun lachen beide, bis sich die merkwürdige Stimmung aufgelöst hat.

Unvermittelt wird Tom ernst. »Hast du gesehen, wie er geweint hat? Hier, mitten in der Kneipe, vor allen Leuten? Eine Viertelstunde vor dem Deutschlandspiel.«

Max fragt sich, worauf er hinaus möchte.

»Ich bin so unglaublich neidisch auf Leute wie ihn. Was würde ich nicht darum geben, auch einfach weinen zu können. Bei mir ist alles vertrocknet, wie in der Wüste. Das muss unglaublich tröstlich sein. Ich kann mir nichts Heilenderes vorstellen als Tränen.«

Max sieht sich sofort tränenüberströmt auf Margots Liege, in der Andachtskapelle ... Schlechtes Gewissen wegen seiner leichten Rührbarkeit überfällt ihn.

Plötzlich erfüllt Stadionlärm den Raum. Die Übertragung des Fußballländerspiels hat begonnen. Nun denkt niemand mehr an die Endlichkeit. Am allerwenigsten die Fußballer.

Der Trainer behauptet in einem Interview mit der ganzen ihm zur Verfügung stehenden Einfältigkeit, dass die Mannschaft heiß auf den Sieg sei.

Bis auf Max und Tom applaudieren alle Gäste in der Kneipe. Die beiden sinnen noch den ungeweinten Tränen nach, bis das Spiel angepfiffen wird.

Es sieht gut aus für den Trainer. Bis dreißig Sekunden vor Abpfiff zwei Tore hintereinander alle Hoffnungen zunichte machen. Auf einmal ist der ganze Raum voller Bandscheibenvorfälle und gestorbener Neunzigjähriger. Die Sieger reißen sich die Trikots vom Leib, während die Verlierer wie betäubt am Rand stehen. Die einen knäueln sich zusammen, während die anderen vereinzelt herumstehen. Hilflose Gesten des Trostes, Schulterklopfen werden abgewehrt mit der Empörung, mit der Jugendliche einer streichelnden Elternhand ausweichen. Das Leid ist absolut. Die Verlierer geben sich ihm vollkommen hin, zelebrieren es geradezu. Wie der Mann mit den Bandscheibenvorfällen, nur ohne Tränen. Wenn ihnen jetzt jemand zuflüstern würde: Nicht so schlimm, beim nächsten Mal gewinnt ihr wieder – dann würden sie das wahrscheinlich als Beleidigung missverstehen. Sagt jedoch der Trainer genau diesen Satz eine Stunde später, gehen alle gestärkt aus der Kabine. Trösten verlangt ganz schön viel Fingerspitzengefühl.

Auf einmal ist der Trainer im Bild und sagt mit Grabesstimme: »Nach dem Spiel ist vor dem Spiel.«

Max muss lachen und bekommt von Tom einen grimmigen Blick zugeworfen.

Nur ein Wimpernschlag, nur ein einziger Wimpernschlag trennt die Nacht vom Tag. Tränen und Lachen. Trostbedürftigkeit und Getröstetsein. Und dennoch liegt die jeweils andere Seite jenseits der Vorstellungskraft: Die Leidenden haben vergessen, wie sich Glück anfühlt, und die Glücklichen ahnen nichts vom Leid. Es nutzt auch nichts, ihnen das einzuflüstern. Bevor der Schmerz unerträglich wird, glauben sie es nicht, und kaum ist er abgeklungen, halten sie es für banal.

Allmählich löst sich die allgemeine Entrüstung über das verlorene Spiel in Flucht auf. Eine Viertelstunde später ist die Kneipe beinahe leer, auch Tom verabschiedet sich. Er müsse das verlorene Spiel erst einmal verarbeiten. Aber das würde ja passen zu dem verkorksten Tag. Nur die Kellnerin scheint froh zu sein, endlich ihre Ruhe zu haben. Max fährt Richtung Toilette, bis er in dem Gang vor dem Herrenklo mit dem Rollstuhl stecken bleibt. Nicht schon wieder Hypnose, denkt er und zieht sich an einem Zigarettenautomat hoch.

Irgendetwas stimmt nicht.

Er steht, ohne zu schwanken. Er steht fast anstrengungslos. Er steht, ohne sich festhalten zu müssen. – Erschreckt lässt Max sich wieder fallen. Was ist geschehen, außer dass er anderthalb Stunden auf einer riesigen Leinwand Männern beim Hin- und Herrennen zugesehen hat? – Ein Fußballwunder ist geschehen.

Vorsichtig steht er wieder auf, dieses Mal tut er sofort den ersten Schritt. Auch das funktioniert überraschend geschmeidig. Nicht dass er sich nicht abstützen müsste, aber die Beine gehen fast von alleine. Auf dem Rückweg sieht er sich auf ein Tor zulaufen und kickt übermütig in die Luft. Tor.

War es Margot, die so eindringlich von der unendlichen Kraft der Vorstellung gesprochen hatte, die er in sich entdecken müsste? Er weiß es nicht mehr. Vielmehr fragt er sich, ob er nun jeden Samstag in einer Premiere-Sportbar verbringen sollte. Fußball, seine Rettung? Irgendwie absurd. Die damit verbundene Langeweile wäre schlimmer als der Rollstuhl. Nein, kein Fußball. Er müsste etwas finden, was ihn begeistert. Bei sich zu bleiben, das ist doch bisher immer die Lösung gewesen. Vielleicht ... er ahnt es eigentlich schon. Er muss zum Ballett. Raus aus der Krankheit, rein in die Kunst!

13.
Manche Menschen stürzen, und andere stehen wieder auf.

Hartnäckig telefoniert Max so lange herum, bis er Hannahs Handynummer herausbekommt. Sie war während seiner Studentenzeit als Solistin im Ballett des Nationaltheaters engagiert und arbeitet, so viel er weiß, inzwischen als freie Choreografin. Zufälligerweise erreicht er sie gerade in München.

»Du, Hannah, ich muss zum Ballett«, erklärt er ihr am Telefon.

»Als Tänzer?«

»Quatsch, ich muss zusehen, ganz nah dran sein. So dicht, bis die Bewegung in meinem Kopf stattfindet.«

»Verstehe ich zwar nich. Aber ich bin ja auch nur 'ne doofe Hupfdohle. Weißte was, ich komm gleich vorbei, bin eh grad in deiner Nähe.«

Woher weiß sie, wo er wohnt? Immer wieder ist Max überrascht, dass Menschen, die er beinahe vergessen hat, ihn wiederum keineswegs vergessen haben.

Eine Stunde später ist sie da: ein rothaariger, sommersprossiger, von Kopf bis Fuß in Grün gekleideter Wirbelwind.

»Mensch, du siehst aber jut aus!«, ruft sie mit in die Hüften gestemmten Händen. Als sie an der offenen Schlafzimmertür vorbeikommen, merkt er, dass sie beim Anblick des Rollstuhls einen Moment zögert. Nur ganz kurz, dann geht sie weiter. Max hofft, dass er wenigstens am Tag des Fußballwunders um den Krankheitsverlauf herumkommt. Aber Hannah ist ganz woanders.

»Einmal hatte ich auch für einen Monat Krücken. Einmal in zwanzig Jahren auf der Bühne.«

»Bist du gestürzt?«

Hannah nickt. »Stürzen ist erniedrigend. Aber noch schlimmer, als zu stürzen, ist es, wieder hochzukommen. Am Schlimmsten ist dieser Moment, wenn es dich malerisch hingehauen hat mitten in einem Pas de deux, und du liegst am Boden und weißt, jetzt starren dich zweitausend Leute an, da fühlst du dich völlig gelähmt. Du darfst in so einem Moment auf keinen Fall darüber nachdenken. Sonst kommst du nie mehr hoch. Dann hat es dich gepackt. Die Kollegen, die merken sich nicht, dass du gestürzt bist, sondern wie lange du gebraucht hast, bis du weitertanzt.«

Max lässt sich ächzend auf den Küchenstuhl sinken. Die Wirkung des Fußballwunders verblasst bereits, nicht aber die Erinnerung daran. Die erfüllt ihn immer noch mit Freude.

»Dann ist unter Schmerzen zu tanzen immer noch besser, als gar nicht zu tanzen, oder?«, fragt Max. »Ist das nicht eine unheimliche Drohung, dieses Wissen, dass es irgendwann unweigerlich vorbei ist mit dem Ballett?«

»Das haben wir einfach verdrängt. Komplett verdrängt. Wir waren ja all die Jahre so jung, und es gab noch so viel zu erreichen, und vor allem: Wir waren alle so weit weg von der erträumten Perfektion. Da verschwendest du keinen Gedanken daran, dass irgendwann Schluss ist mit dem Training am Morgen, Schluss mit dem stundenlangen Nähen von Spitzenschuhen. Ich habe es selbst am Ende nicht wahrhaben wollen. Mein Ballettdirektor hat es als Erster gemerkt und eines Tages den Vertrag nicht mehr verlängert.«

Es klingt wie ein Märchen aus vergangenen Zeiten. Dabei liegt alles erst wenige Jahre zurück. Um sie abzulenken, berichtet Max von seinem Wunder.

Hannah klatscht begeistert in die Hände. »Mein Süßer, natürlich ist Fußball keine Lösung. Lass mich mal ein bisschen das Köpfchen zerbrechen. Mir fällt da schon was ein. Hauptsache, du unternimmst etwas, und die Dinge kommen in Fluss. Ob mit Gesang oder Ballett, ist egal, Hauptsache, kein Fußball! Das passt einfach nicht zu dir. Und passen muss es.«

Nun bin ich wirklich erleichtert. Ich habe mich schon stundenlang irgendwelchen Fußballern nachrennen sehen, damit sie nicht über deinen Rollstuhl stolpern. Manchmal ist dieses Kunst-Zeugs echt die bessere Lösung.

Max nickt artig. Aber etwas möchte Hannah ihm doch noch mitgeben, in Sachen Ballett. Eine Lektion, die sie nie vergessen würde. Vielleicht auch eine für ihn und seine Karriere.

»Egal, ob du 'ne Vorstellung vergeigt hast, oder ob 'ne Kombination nicht geklappt hat, du weißt immer: Morgen um zehn ist wieder Training. Wie jeden Tag, seit du denken kannst. Und was heute war, ist Vergangenheit. Anderthalb Stunden. Von zehn Uhr bis elf Uhr dreißig, pünktlich. Da geht es an die Stange, und du machst deine Übungen. Und fängst wieder von vorne an. Das ist der größte Trost für mich im Leben, dass man jeden Tag diese Chance hat.«

14.
Nicht wenige Menschen führt die Suche nach Glück auf Abwege, andere schlafen darüber ein.

Sylvia hat Max ein PDF-Dokument gemailt mit der dringenden Bitte, es sich wenigstens einmal anzuschauen. Denn für das vollkommene Glück bräuchte er nicht einmal einen Heiler, sondern nur einen Spiegel – mit der *Bliss Method*.

Wer sie täglich anwendet, so beginnt der Text, wird nach genau neun Monaten und 29 Tagen ein frisch geborener, neuer Mensch sein, und so glückselig, dass Max ein Schauder des Zweifels überläuft. Die Wirklichkeit ist immer mühsamer, als die meisten Ratgeberautoren zugeben würden.

Aufgabe sei, so der amerikanische Autor, einen verkümmerten Muskel zu trainieren: den der Selbstachtung. Benötigt würde dafür, wie Sylvia bereits angekündigt hat, nur ein Spiegel, möglichst groß allerdings. Vor diesen solle man sich jeden Tag stellen. Komplett nackt, und zwar genau 32 Minuten lang. Wer den Anblick nicht ertrage, könne fürs Erste die Augen geschlossen lassen oder sich nur auf das Gesicht im Spiegel konzentrieren.

Aber damit nicht genug. Wenn man dann so vor sich stünde, müsse man sich selbst ohne Rücksicht auf Glaubwürdigkeit schmeicheln, auf allen Ebenen: körperlich, spirituell, emotional – alles an einem wäre doch eigentlich großartig. Mögliche Kritikpunkte werden in Lob übersetzt. Wer sich beispielsweise zu dick fühlt, sage zu seinem Spiegelbild nicht: Mensch, bist du fett, sondern: Ich danke meinem Körper, dass er zwischen mich und die Dinge, die ich fürchte, eine schützende Polsterung geschaffen hat. – Damit immer noch nicht genug. Alle fünf Minuten verkünde man laut: »Ich bin brillant, ich bin toll, ich bin der Schöpfer meiner eigenen Existenz. Alles, was ich bin, habe ich befohlen, alles, was ich bin, ist Liebe.« – Sechsmal pro Sitzung. Und wer trotz dieser Dauerwerbesendung an sich rumkritisiert, fängt mit den 32 Minuten wieder von vorne an, um jede Zelle des Körpers in Lob zu baden. Was diese in Form von Glück zurückgeben werden.

Max scrollt weiter durch die Datei auf der Suche nach dem Haken. Glücksversprechen haben schließlich immer einen. Da, endlich, auf der letzten Seite versteckt! Der »Special bonus«. Nach einer Woche möge man dem Autor die ersten Erfahrungen schreiben. Wer einen Monat durchhält, bekommt von ihm eine noch bessere Methode geschenkt, die Zugänge zu Telepathie eröffnet. Wer darauf nicht warten kann, braucht nur die E-Mail-Adressen von zehn Freunden weiterleiten, damit auch diese mit der *Bliss Method* vertraut gemacht werden können. Im Gegenzug erhält man den kostbaren Link dann sofort.

Max überlegt, wen er damit ärgern könnte. Tom vielleicht? Aber der würde das nur als Angriff auf sein eigenes Unglück missverstehen.

Als er Sylvia antwortet, erwähnt er die *Bliss Method* absichtlich mit keinem Wort. Ihm ist das zu abgeschmackt. Geht es nicht eine Nummer kleiner? Glück ist einfach zu groß und viel zu bröselig, um nach Rezept hergestellt zu werden. Eine von den Frauenzeitungshochstapeleien wie die ewige Liebe oder die perfekte Figur. Glück riecht immer nach Geschäftemacherei. – Nein, Max sucht etwas anderes, kein allumspannendes Glückseligkeitsversprechen, sondern – vielleicht einfach nur ein bisschen Trost, wie Kollege Hiob. Das klingt wie »ein bisschen Frieden«. Aber besser als gar nichts. Trost also.

Trotz aller Vorbehalte möchte Max das mit dem militant positiven Denken wenigstens einmal ausprobieren. Ohne Spiegel und ohne sich komplett toll zu finden. Vielleicht reicht für seinen Schmalspurtrost ja schon, jeden negativen Gedanken ins Positive zu wenden.

Mit den Schuhen beginnt er: Ob es ihm wohl ohne zu schimpfen gelingt, seine aufgequollenen Füße hineinzustopfen? Vielleicht so: Es ist schön, dass meine Füße mich täglich daran erinnern, kein Aschenputtel zu sein. – Na ja.

Max zieht die Jacke an, greift nach dem schwarzen Gehstock und schiebt mit der anderen Hand den Rollstuhl bis zur Haustür. Sie klemmt mal wieder. Sofort übersetzt er: Die Haustür möchte mir zeigen, wie ungern sie mich gehen lässt. – Schon nach wenigen Minuten fällt es angenehm leicht, sich alles schönzureden.

Er reißt die Tür beherzt auf und schubst den Rollstuhl die beiden Stufen hinunter. Zu heftig jedoch, so dass er ihn nicht mehr packen kann, nur noch zusehen, wie er über den abschüssigen Bürgersteig rollt, an der Bordsteinkante kurz strauchelt und sich dann hinunterstürzt. Es braucht ein paar

Sekunden, bis Max, statt zu fluchen, laut sagt: »Max, das hast du toll gemacht, du lässt selbst deinem Rollstuhl genug Freiheit.«

Klingt gar nicht schlecht. Wenn du es schaffst, das nicht nur in deinen Dreitagebart zu nuscheln, kann diese Therapie immerhin witzig werden.

Während Max, auf der Stufe zum Bürgersteig sitzend, auf den nächsten Passanten wartet, denkt er darüber nach, was er aus der Situation lernen, wie sie ihn trösten würde, wie er daran wachsen könnte. Es fällt ihm nichts ein.

Also bricht er den Versuch mit dem positiven Denken ab. Da hat er doch den Beweis: Selbst Trost ist nichts für ihn.

Schade.

Genau in dem Moment biegt ein junger Türke um die Ecke. Mit einem Blick erfasst er die Situation. Das Handy weiterhin am Ohr schiebt er den Rollstuhl vor Max und hilft ihm beim Aufstehen. Erst als Max sicher sitzt und den Gehstock hinter sich verstaut hat, verschwindet sein Retter, ohne sein Telefonat unterbrochen zu haben.

Das mit dem Glück muss Max also anders hinbekommen. Wieder einmal fällt ihm eine der Kettenraucherinnen in der Klinik ein. Ihr geht es besser, wenn sie vor dem Einschlafen einen Schluck von ihrem Heilungscocktail trinkt: Wodka, in dem nicht zu knapp Marihuana schwimmt.

Mehrfach hat Max sich seitdem bemüht, an die Zutaten zu

kommen. Dabei ist er so unbeleckt, dass er mal von »Marihuana« und mal von »Kokain« gesprochen hat, immer in der Hoffnung, am Ende schon das Richtige zu erhalten. Selbst sein Arzt nickte sein Ansinnen ab, off the records natürlich. Bei der Beschaffung von Cannabis könne er ihm allerdings nicht behilflich sein.

Auch alle Freunde, die er für potentielle Konsumenten hält, haben abgewunken und behauptet, schon vor Jahrzehnten damit aufgehört zu haben, höchstens noch bei einer Party. Da würde das Zeugs manchmal aus dem Nichts auftauchen. Einige wurden bei dem Thema ganz nostalgisch und erzählten ihm krude Geschichten, die nicht mehr recht zu ihnen passten.

Sylvia, in die er die größte Hoffnung gesetzt hat, brachte zwar beim nächsten Besuch eine Flasche Wodka mit, erklärte aber, dass er sich den Rest anderweitig besorgen müsse. Ihre Quellen seien versiegt. Schließlich war es ein Freund von Tom, der anbot, sich darum zu kümmern. Er betreibt im Bayerischen Wald eine Gemüseplantage, mit Extra-Beeten.

Eine Woche später ist es endlich soweit.

Max ist aufgeregt, denn Toms Freund hat ausdrücklich darum gebeten, bei der Übergabe die Vorhänge seiner Erdgeschosswohnung geschlossen zu halten. Die Polizei hätte in Bayern eine relativ restriktive Vorstellung von »Eigengebrauch«.

Der Plantagenbesitzer meint es sehr gut mit Max und stattet ihn mit einer Menge an Gras aus, mit der er sich eine Existenz als Kleindealer aufbauen könnte. Zwei leere Marmeladengläser reichen gerade dafür aus. Nur wisse er auch nicht, wie viele Blüten in den Wodka müssen. Er sei eher der konservative Konsument, erklärt er.

»Aber du bist ja ein experimentierfreudiger Zeitgenosse, meint Tom. Das bekommst du sicher bald heraus.«

Es stimmt schon, Max probiert gerne etwas aus. Aber genauso schnell verliert er das Interesse an einer Sache. Wäre er nicht am Abend mit einem befreundeten Psychiater verabredet, würde er das Ganze wohl bleiben lassen. So aber fasst er sich ein Herz und stellt nach einem Glas Rotwein ein handschriftlich etikettiertes Tablettendöschen und ein Marmeladenglas vor Daniel auf den Küchentisch.

»Was von den beiden Dingen würdest du nehmen?«

Sein Freund hält sich das Marmeladenglas vors Gesicht wie einen Diamant.

»Fragst du mich als Arzt oder als Mensch?«

»Als Mensch natürlich.«

Daniel schraubt das Glas auf und zupft sechs Blüten heraus. Drei davon stopft er mit dem Stiel eines Messers in den Wodka. Die Tabletten aus der Spezialklinik würdigt er keines Blickes.

»Die Flasche lässt du jetzt zwei Tage in der Sonne liegen, und dann nimmst du vor dem Einschlafen jeweils einen großen Schluck.«

Sie lachen beide. Max weiß natürlich, dass sein Freund auch keine Ahnung hat von Spezialwodka, trotzdem reicht seine Arztstimme aus, um den Anweisungen das nötige Gewicht zu geben.

Die anderen drei Blüten steckt Daniel als Honorar ein.

Du lässt eben nichts unversucht. Nun also doch Drogen! Dann kann es ja losgehen mit den Spritzen und der Polizei! Ganz großes Kino und ich – aber nicht, wenn man sich so anstellt wie du.

Da ihm zwei Tage Warten zu lange sind, startet Max am selben Abend einen Selbstversuch: Vorsichtig zupft er einen Halm aus dem Glas, hält ihn über eine Kerze und atmet den Rauch ein. Eine halbe Stunde lang wundert er sich, dass nichts passiert, und schläft dann ein.

Am nächsten Tag schüttet er den Wodka mit Kopfschmerzen ins Klo und stellt die beiden Marmeladengläser neben Sylvias Blumendünger.

15.
Es gibt keinen Tänzer ohne ein schwaches Bein oder ein kürzeres.

Max holpert über Kopfsteinpflaster zwischen orientierungslosen Touristen Richtung Hofbräuhaus. Das Erste, was er von dem Probengebäude wahrnimmt, sind die sieben Stufen hinter der offen stehenden Eingangstür. – Aufrecht gehende Menschen sagen oft zu ihm, dass sie gar nicht darauf geachtet hätten, wo überall Hindernisse wären. Und er sieht meist nichts anderes.

Die jungen Männer und Frauen, die an ihm vorbei in das Gebäude huschen, nehmen die kurze Treppe definitiv nicht als Hindernis wahr. Sie sind mit dem Kopf schon in einem der Trainingssäle. Ein älterer Herr kommt mit einem klapprigen Fahrrad angefahren und kettet es an einen Laternenmast. An der Art, wie er gegrüßt wird, erkennt Max seine Verabredung. Als Ballettmeister hat Tomas schon Hannah Respekt eingeflößt. Seit ihrem Rückzug von der Bühne ist sie mit ihm befreundet. Sie war es auch, die das Treffen arrangiert hat, um die Ballettkarriere von Max anzukurbeln.

Im Vorübergehen raunt Tomas einem Eleven auf Französisch zu, doch bitte Max zu helfen. Der nickt und schiebt ihn die beiden Schienen auf der rechten Seite der Treppe hoch. Dies geschieht mit einer so fließenden Selbstverständlichkeit, wie es Max noch nie erlebt hat.

Nach dem Lift übernimmt Tomas die Führung durch verwinkelte Gänge. Immer wieder sind Stufen zu überwinden. Doch wie von Zauberhand herbeigewunken, biegen immer genau im richtigen Moment muskulöse Tänzer in flattrigen T-Shirts um die Ecke und stützen oder tragen Max sicher in den Saal, wo sie ihn auf einem Stuhl absetzen.

Das lauteste Geräusch entsteht, als die Pianistin ihre riesige Sonnenbrille auf den Deckel des Flügels fallen lässt und mit einem slawischen Seufzer auf den Hocker gleitet. Sonst fällt kein Wort. Konzentriert steht ein knappes Dutzend junger Tänzer vor den Stangen an den beiden verspiegelten Stirnseiten, sich unermüdlich dehnend und streckend.

Tomas klatscht einmal in die Hände, stellt den Gast als Freund des Balletts vor und beginnt mit dem Training. Soviel geballten Willen hat Max noch nie in einem Raum gespürt, eine fast andächtige Konzentration. Niemand schummelt, kürzt ab oder drückt sich sonstwie, wie er es aus dem Sportunterricht in Erinnerung hat. In jeder Sekunde ist zu spüren, wie weit der Weg war, den die Schüler bis hierher bereits zurückgelegt haben. Und wie weit der vor ihnen noch sein wird. Sie stammen aus der ganzen Welt, von allen Kontinenten. Die einzige Sprache, die alle verstehen, ist die des Tanzes und eine Abart des Englischen.

Nach jeder Übung überrascht Max erneut, wie viel Kraft es selbst sie kostet. Selbst diese federleichten Dinger schwitzen, ringen nach Atem, halten sich mit letzter Kraft fest. Und kaum sind sie wieder dran, scheint alle Erschöpfung wie weggeblasen.

»Sie müssen den Schmerz lesen lernen«, flüstert Tomas

ihm zu. Ballett habe viel mit Haltung zu tun, aber noch viel mehr mit Zivilisation. An den Fürstenhöfen wurde getanzt, um sich nicht die Köpfe einzuschlagen. Aus dieser Haltung entstand das Ganze, als eine alternative Form der Auseinandersetzung.

Nachdem er sie ein Dutzend Mal diagonal durch den Raum hat springen lassen, versammelt er mit einem Wink seine Schüler um sich.

»Jeder von euch hat ein schwaches Bein oder ein zu kurzes. Das ist so. Aber ich möchte sehen, dass ihr auch mit dem schwachen Bein mit dergleichen Intensität abspringt. Das Publikum sieht da hin, wo ihr die Aufmerksamkeit hinlenkt. Und wenn ihr euer schwaches Bein absichtlich verbergt, dann wird das Publikum genau das sehen.«

Max bildet sich ein, dass er der Einzige im Saal ist, der mit dieser Anweisung etwas anfangen kann. Den Schülern geht es eindeutig darum, dass das schwache Bein genauso stark wird wie das andere. Sie werden das notfalls bis zum Umfallen trainieren.

Am Ende der Stunde, die Eleven stehen schon mit um den Hals geschlungenen Handtüchern und Wasserflaschen leise schwätzend im Raum, beginnt Tomas plötzlich, ohne die Stimme zu erheben, eine Predigt: »Ihr Lieben, euer Körper ist das eine, den könnt ihr trainieren, bis ihr umfallt. Aber ihr werdet nie hervorragende Tänzer, wenn euch eines fehlt: Respekt vor dem anderen.«

Max folgt ihm gebannt. Die Tänzer geben nicht zu erkennen, ob sie Tomas überhaupt zuhören.

»Ihr könnt nicht nur Solos tanzen. Ihr braucht einander.

Ohne Nächstenliebe kein Corps de Ballet. Die anderen müssen in eurem eigenen Interesse liegen.«

Nach dem Training kann Max nicht besser gehen. Die Leichtigkeit wie nach dem Fußballspiel bleibt aus. Im Gegenteil, das lange Sitzen hat seine Beine komplett erstarren lassen, vielleicht auch die Hochachtung vor der Beweglichkeit der Tänzer. Er braucht drei endlose Minuten, um seine Schuhe wieder anzuziehen. Das Blut steigt ihm in den Kopf. Völlig ruhig sieht Tomas ihm dabei zu, neben ihm ein blonder Tänzer aus Kasachstan, beide ohne jedes Zeichen von Ungeduld. Sie beobachten, wie er sich müht, seinen geschwollenen Fuß in den ausgetretenen schwarzen Lederschuh zu quetschen. Die Schleife zu binden. Diegleiche Prozedur beim anderen Fuß. Sehen mit demgleichen leidenschaftslosen Interesse zu wie er vorher dem Training. Dann helfen sie ihm zum Lift zurück. Als Max sich bei den Stufen auf die Schulter des Tänzers stützt, entschuldigt dieser sich für sein schweißnasses T-Shirt.

In der Kantine erklärt Tomas ihm, dass am Vortag bei einem Sprung zwei Tänzer in der Luft zusammengestoßen seien, was einen heftigen Streit ausgelöst habe. Auf den wollte er mit seiner Predigt für mehr Nächstenliebe reagieren. Denn nur, wer seine Individualität im Griff habe, könne in der Gruppe bestehen.

Dreimal erkundigt sich Max, wie Tänzer mit der ständigen Demütigung umgehen würden, etwas nicht zu können. Dreimal bekommt er keine Antwort. Bis er einsieht, dass die Frage falsch gestellt war. Beim vierten Mal fragt er einfach: »Was treibt sie an?«

»Das Wissen, dass sie morgen besser sein können. Deswegen müssen sie wachsam bleiben. Aus den Intelligenten unter ihnen kann noch etwas werden. Dies setzt aber die Begabung voraus, lernen zu wollen, schnell zu lernen. Und Neugier. Die Intelligenten verplempern ihre Freizeit nicht, indem sie dauernd zusammenhängen. Die anderen haben ein Problem mit der Langeweile, deswegen halten sie es nicht mit sich aus.«

Max kommt aus dem Nicken gar nicht mehr heraus.

Warum hat Tomas dir nicht erzählt, was ihm während des Trainings eingefallen war? Während der Sprungübungen tauchte plötzlich das Bild des Jungen mit den Krücken vor ihm auf. Dreißig Jahre musste das inzwischen her sein. Der Junge wäre jetzt ungefähr gleich alt wie dieser Max ... Was wohl aus dem geworden ist?

Da Tomas geschwiegen hat, erzähle ich es dir.

Während seiner Zeit als Direktor einer berühmten Ballettschule brachte man Tomas einmal einen sehr kranken Jungen in den Übungssaal. Der konnte kaum atmen, weil ein Korsett ihm die Luft abschnürte. Ohne das aber hätte er sich überhaupt nicht aufrichten können. Zwei Stahlstäbe wollten sie dem Kleinen in den Rücken operieren, die ganze Sache war überaus gefährlich. Und keiner wollte seine Hand dafür ins Feuer legen, dass der Eingriff ihm wirklich helfen würde.

In ihrer Not flehte die Mutter Tomas an, etwas zu tun. Irgendetwas. Wer, wenn nicht er, der berühmte Ballettmeister? Er antwortete ihr, dass er kein Heiler wäre, nur ein Tänzer und Pädagoge. Aber die Mutter ließ sich nicht abwimmeln. Also willigte er ein, aber nur, wenn der Arzt des Jungen mit dabei wäre.

Bei der ersten Stunde bat Tomas den Kleinen, sich auf eine Matte am Boden zu legen. Er lockerte das Korsett, nahm es ab und betastete dessen Muskeln. Mit ein paar Kniffen versuchte er, sie zu aktivieren. Schließlich bat er den Jungen aufzustehen, ganz langsam, in seinem eigenen Tempo. Und irgendwann, zur Überraschung aller, stand der Junge. Mit auf dem Boden gesenktem Blick.

Da sagte Tomas zu ihm: »Wenn du möchtest, dass ich dich unterrichte, musst du mir in die Augen sehen.« Die Mutter schüttelte den Kopf: Unmöglich, dass ihr Sohn zu ihm hochsehen könnte. Doch er hob Stückchen für Stückchen den Kopf, bis er Tomas ansah.

Von einer Operation war später nie mehr die Rede.

Wenn man etwas wirklich will, bekommt man es auch. Das ist nach wie vor das Credo von Tomas, gültig im Ballett wie im Leben. Natürlich würde der Junge sein Leben lang etwas tun müssen. Jeden Tag üben und am nächsten Tag noch mehr üben. Aber solange er mit sich kämpft, wird er nicht verlieren, weiß Tomas.

Aus Sorge, dass diese Geschichte für dich zu kitschig wäre, hat er sie dir nicht erzählt. Vielleicht, hat er sich überlegt, ist sie sogar beleidigend, weil ein Mann im Rollstuhl keine Chancen hat, jemals zu stehen.

Nur du kannst herausfinden, ob das stimmt.

16.
Kaum ein Mensch merkt, wenn er einige Augenblicke lang schwebt.

Seiner bodenständigen Freundin Monika nimmt Max alles ab, selbst ihr Schwärmen über Karl, den Handaufleger. Karl? – Irgendwie kommt Max der Name bekannt vor. Er kann sich nur nicht erinnern, in welchem Zusammenhang er ihm schon einmal begegnet ist. Karl …

»Der hat so rein gar nichts Heilermäßiges an sich«, erklärt Monika. »Bis auf seine Kräfte. Und dann praktiziert er auch in einer edlen Praxis, ohne Räucherstäbchen und Walle-Walle. Das würde ich keine Sekunde ertragen. Seit dem Klosterinternat reagiere ich allergisch auf alles Spirituelle. Sonst würde ich dir auch gar nicht von Karl erzählen. Du bekommst ja sicherlich so viele Spezialisten empfohlen, dass du mittlerweile jeden im Umkreis von fünfhundert Kilometern beim Vornamen kennst.«

Max nickt und unterstreicht die Telefonnummer auf dem Blatt aus Monikas Notizbuch.

»Du, mit meinem Tinnitus war das genauso«, fährt Monika fort. »Jeder kennt jemand mit demgleichen Schicksal, und vor allem weiß jeder, außer mir selbst, was man dagegen unternehmen muss. Jedenfalls hat Karl dieses Gepfeife so weit gezähmt, dass ich damit leben kann. Statt zu deiner Hypnotiseurin im Hobbykeller solltest du wirklich einmal zu ihm gehen. Der Kerl spielt in einer anderen Liga. Nicht ganz billig, eigentlich sogar richtig teuer, aber das solltest du dir wert sein.«

Was manuelle Therapie genau bedeutet, konnte weder Monika ihm erklären, noch erschließt es sich aus Karls Homepage, die Max daheim sofort konsultiert. Irgendwas mit den Händen halt. Aber der Rest klingt in der Tat vernünftig.

Wie viel Wert er doch darauf legt, dass etwas »vernünftig« ist. Das ist ihm bislang gar nicht bewusst gewesen. Den Handaufleger könnte er ja wenigstens einmal ausprobieren, sagt sich Max selbst, als ginge es um den neuen Italiener an der Ecke. Auf einen Heiler mehr oder weniger kommt es nun auch nicht mehr an.

Eine diskrete Männerstimme stellt sich am Telefon als Karls Assistent vor und erklärt die Modalitäten. Beim Honorar stockt Max kurz. Der Assistent kennt das schon. Natürlich könne er es sich noch einmal überlegen. Erst zur Sitzung müsse der Vertrag unterschrieben sein, in dem wären alle Leistungen detailliert aufgelistet. – Was für ein durchsichtiger Versuch, Seriosität vorzugaukeln, denkt Max am anderen Ende der Leitung. Und lässt sich gleichzeitig davon einlullen.

Eine Woche später steht er vor der Tür, den unterschriebenen Vertrag – etwas übereifrig formuliert, aber auch irgendwie beeindruckend in seiner Unverständlichkeit – im Rucksack. Der schmächtige Assistent bringt ihn in den Wartebereich, holt einen Kaffee und fächert die Tageszeitungen vor ihm auf. Max genießt den dezenten Luxus der Praxis, das ist wirklich etwas anderes als Margots Keller. Er ist gern bereit, sich davon blenden zu lassen. Das absurd hohe Honorar kommt ihm jetzt völlig angemessen vor. Die katholische Kirche wusste schon, wie lindernd es ist, sich von seinen Sünden freikaufen zu können …

Auf einmal biegt Karl um die Ecke, eine Bugwelle gute Laune vor sich herschiebend, braun gebrannt, im Gesicht ein toskanisch entspanntes Lächeln. Er lässt Max den Vortritt in das Behandlungszimmer. Auch dieses ist geschmackvoll eingerichtet, endlich einmal ohne kümmerliche Büropflanzen und die bei Ärzten anscheinend von der Kasse verordneten Neonröhren.

In der Mitte des Raums steht eine elektrisch verstellbare Liege. Kaum hat Max sich darauf ausgestreckt, geht es auch schon los. Während Karl ihm die Hände auf alle möglichen Körperstellen legt, dabei von Zeit zu Zeit theatralisch ausatmend, erzählt er Max zunächst den eigenen Werdegang. Dieser hat ihn von der Physiotherapieausbildung zu einem ergänzenden Studium nach Amerika und nach Dutzenden Weiterbildungen wieder zurückgeführt. Max hört zunächst aufmerksam zu und dämmert dann weg. Es fühlt sich angenehm an, wie er da berührt wird.

Unvermittelt fragt Karl: »Was würden Sie sich jetzt wünschen?«

Nicht schon wieder einer, der hören möchte, dass er am liebsten erfolgreicher Marathonläufer oder der glücklichste Mensch auf Erden wäre. Also druckst er herum: »Ein bisschen Entspannung, ja, das wäre irgendwie gar nicht schlecht.«

»Ein – bisschen – Entspannung«, wiederholt Karl. »Das ist alles? Sie mögen Ihren Körper wohl gar nicht, oder?«

Max ist perplex. Mit dieser Wendung des Gesprächs hat er nicht gerechnet.

»Wer diesen Körper liebt, möchte sich nur noch mehr wehtun.« Über seine harsche Antwort ist er selbst erschrocken und versucht sofort, sie zu relativieren: »Eigentlich habe ich mir darüber noch nie den Kopf zerbrochen. Mein Körper ist einfach da und macht Probleme. – Jedenfalls hat er mir nicht viel Freude gemacht. Eigentlich gar keine. Ich kann mich jedenfalls in den letzten Jahren an kein einziges positives Erlebnis mit ihm erinnern.«

Ob er seinen Körper verabscheuen würde, bohrt Karl nach. Wieder erntet er nur Gestotter.

»Sie brauchen sich nicht zu verteidigen. Ich will Ihnen nur widerspiegeln, wie Sie selbst über diesen Körper sprechen.«

Nach kurzem Nachdenken gibt Max ihm recht, geradezu erleichtert, es einmal laut sagen zu dürfen: »Es stimmt schon. Eigentlich könnte ich hervorragend auf diesen Körper verzichten, der mir all das antut. Schließlich hat er angefangen.« Noch während er spricht, ahnt er, wie trotzig sich das anhören muss. Ohne dass ihn dies im Augenblick ernsthaft stören würde.

»Sie müssen in Ihren Körper zurückfinden«, sagt Karl.

Max wartet auf eine Gebrauchsanleitung, irgendeine Anweisung, wie das vonstatten gehen soll. Doch Karl drückt nur weiter, nun schweigend, an ihm herum.

Plötzlich beginnt er, über Quantenmechanik zu sprechen. Der Themenwechsel überfordert Max: Was soll die mit der Versöhnung von Körper und Geist zu tun haben?

Karl legt eine Hand auf Max' Herz und fuhrwerkt mit der anderen hinter seinem Kopf herum. Auch das fühlt sich gut an, ihm fällt keine andere Beschreibung ein. Nun hat er kein Bedürfnis mehr, etwas zu verstehen.

Nach einer weiteren, noch längeren Pause sagt Karl: »Heilung gibt es nicht ohne Gnade. Das meine ich nicht religiös, eher in einem Zustand der Gnade, man könnte auch sagen: ein Quantenzustand, in den man springt.«

Für Max ist »Gnade« ein schwieriges Wort, vielleicht eines der schwierigsten überhaupt: und ganz außer Mode. Ohne Grinsen könnte er es nicht aussprechen. Das verwenden doch nur noch raufende Kinder auf dem Pausenhof oder Menschen mit Pistolenläufen an der Schläfe im Krimi. Nach einem langen Schweigen sagt er: »Ich mag nicht bei jemandem betteln müssen. Auch nicht um Gesundheit.«

Karl antwortet nicht, sondern drückt weiter an ihm herum.

Auf einmal hat Max den Eindruck, in dem Raum wäre ein Licht angeschaltet worden. Er blinzelt, aber die Deckenlampe ist aus. Karl räuspert sich und sagt: »Jedes Heilen geht vom Herzen aus, sonst ist es ein reines Applizieren von Technik.«

Ohne das schlechte Gewissen wegen des Unsinns, den er vorher über das Verhältnis zu seinem Körper verzapft hat, würde Max diese Aussage nicht widerspruchslos schlucken und mit nach Hause tragen. So aber tut er es.

Als du schwankend auf die Krücken gestützt das Taxi herbeisehnst, ist ein Schimmer um dich. Ein schwaches, durchscheinendes Leuchten. So etwas sieht man selten bei Menschen. Es steht sogar noch ein wenig in der Luft, nachdem du eingestiegen bist. Dann bläst ein Windstoß es weg.

Zum ersten Mal hast du von dir aus etwas zugelassen, etwas angenommen. Dich jemandem geöffnet, ohne hintenrum wieder alles in Frage zu stellen. Für mich bedeutet das wohl mehr Freizeit. Ich muss nicht dauernd unmittelbar hinter dir sein und kann mich ein wenig zurücklehnen. Hoffe ich jedenfalls.

Max betet seit seinem Erlebnis in der Kapelle des Krankenhauses jeden Abend. (Obwohl er nur ein einziges Mal im Sonntagsgottesdienst war …) Zunächst nur das Vaterunser. Nach ein paar Wochen wurde es allmählich geschmeidiger und zerfiel ihm nicht dauernd im Mund. Eines Tages jedoch reichte es nicht mehr. Er brauchte mehr Platz, um seine eigenen Belange in dem Gebet unterbringen zu können. Also ließ er seinen Tag Revue passieren und bedankte sich für die schönen Momente.

Heute ist selbst das zu wenig. Heute möchte er, im Bett liegend, die ganze Welt umarmen.

Also betet er für alle Menschen, denen er im Laufe des Tages begegnet ist. Es macht ihm Spaß, dass sie davon nie erfahren werden. Es hat etwas Verbotenes, etwas Lustvolles wie verborgene Zärtlichkeiten.

Max betet:

Für den DHL-Boten. Der mir jedes Mal erzählt, dass sein Bruder auch Gicht hätte.

Für die griechischstämmige Tengelmann-Verkäuferin, die mir jedes Mal eine Sonderbehandlung zukommen lässt. Nur mir öffnet sie die Plastiktüte, bläst sie sogar auf. Oder legt einen Karton unter den Bon beim Unterschreiben.

Ganz schön sülzig! ... Und es ist ja keineswegs so, dass du mit dem Tengelmann-Drachen befreundet wärst. Mehr als ein abgehacktes »Grüß Gott« bringst du in ihrer Anwesenheit nicht heraus und versuchst schnellstmöglich, deine EC-Karte herauszufummeln, um ihre Gunst nicht zu verlieren. Aber ich will nichts gesagt haben.

Für Claudia, die beim Mittagessen meinte: »Ich verstehe immer noch nicht, warum du noch nicht in einem Pflegeheim bist, sondern alleine wohnst.« Denn sie weiß nicht, was sie mit solchen Bemerkungen anrichtet.

Für das kleine Mädchen und ihre Mutter, vor allem ihre Mutter. Und mach, dass sie ihre Tochter nicht wegzieht, wenn diese völlig fasziniert einen Rollstuhl anfassen möchte.

Für die Nachbarin, die so ertappt schaute, als sie merkte, dass ich hinter dem Fenster stand und beobachtete, wie sie sich eine Zigarette anzündete.

Für Tom, gerade für den. Nimm ihm bitte ein paar Sorgen ab. Das Leben ist auch ohne die schon nicht so einfach.

Und besonders für Karl – und seinen Assistenten. Danke für alles. Danke.

Und schenke uns bitte allen das ewige Leben – aber bitte ein anderes als das momentane.

Amen.

17.
Manche Menschen brauchen unendlich viel Zeit, um Geduld zu lernen, gerade wenn es um ihren Körper geht.

Schienen führen aus dem Sägewerk auf den zerfurchten Vorplatz, zwischen Wällen aus Stämmen. Der Holzgeruch trotzt der dünnen Decke späten Schnees. Max wartet. Die Hände unter die Oberschenkel geschoben. Ulrich hat vorgeschlagen, einen im ganzen Allgäu bekannten Heiler zu besuchen. Eigentlich wollte Max nur ein Wochenende auf dem Hof verbringen, ohne jeden Gedanken an sein Heil. Und nun steht er hier und wartet.

Er hat nicht nachgefragt, wie Walther ihn behandeln würde, ob mit den Händen oder Kräutern oder wärmenden Geschichten. Zumal Ulrich es auch gar nicht gewusst hätte.

Da steht Walther auch schon im Tor der Halle: ein bärtiger, hagerer Mann um die fünfzig, in einem groben Strickpullover und schwarzen Cordhosen. Er winkt ihnen zu.

Kaum hat Max ihn gesehen, rollt er los, so als hätte er die Verabredung selbst getroffen. Nach wenigen Metern bleibt er in einer vereisten Pfütze stecken. Kurz bevor er aufgibt, sich aus eigener Kraft zu befreien, schiebt Ulrich ihn heraus. Walther lotst sie an den schweigenden Sägen vorbei in sein Büro. An den Wänden hängen Urlaubsfotos: Tasmanien, Asien, Argentinien. Er sei sehr gern in der Welt unterwegs, erklärt er seinen Besuchern.

Als Max schon auf dem einzigen Stuhl sitzt, zögert er wie beim Zahnarzt mit lauter Fragen den Beginn der Behandlung hinaus: Wie würde man eigentlich merken, dass man heilen kann?

Walther erklärt geduldig, wie es dazu kam. Bei einer Maschinenmontage hatte er sich einst drei Wunden zugezogen. In seiner Not fiel ihm eine Heilerin in Österreich ein. Doch sie sagte nur: »Das kannst du selbst.«

Er ahnte zunächst nicht einmal, was sie meinte, aber sie bestand darauf: »Streng dich an. Lass deine Gaben nicht verkümmern.« – Sie war es dann auch, die ihm zeigte, welche Kräfte in ihm stecken. Seitdem kommen die Hilfesuchenden aus der ganzen Region, alle, bei denen etwas schief ist im Leben. Etwas ausgerenkt.

»Manchen kann es gar nicht schnell genug gehen mit der Heilung. Hektik ist das häufigste Symptom, das ich sehe.«

»Wie meinen Sie das«, hakt Max nach.

»Zum Krankwerden haben die Leut alle Zeit der Welt, aber Gesundwerden soll immer ganz schnell gehen.«

Dass Geduld zum Gesundwerden dazugehört, wurde Max schon oft gesagt, meist mit vorwurfsvollem Unterton. Aber das meiste in Sachen Genesung kann man nicht lernen, nur allmählich erfahren. Selbst für Geduld braucht man also Geduld. – In diesem Augenblick begreift Max, dass die Behandlung längst begonnen hat.

Sie schweigen. Bis Walther irgendwann sagt: »Na, dann wollen wir mal.«

Max nickt und stellt sich darauf ein, seine Krankenakte herunterzubeten. Aber Walther will davon gar nichts hören.

Will gar nichts von dem wissen, was Max glaubt, über seine Krankheit herausgefunden zu haben.

Walther stellt sich neben ihn und mustert ihn lange.

»Weißt Max, ich seh die Wesenheiten, die einen Menschen umgeben. Manchmal muss ich sogar wegschauen, denn ich möcht das gar nicht alles wissen. Bei manchen schaut das nicht so gut aus. Aber bei dir ist es eine gute Wesenheit. Das ist wichtig, ganz wichtig.«

Max würde sich gern verweigern, aber die Rebellion bleibt ihm im Hals stecken. Vorher hatte Walther über Ufos und die Wiedergeburt gesprochen. Alles egal. Max verspürt gar keinen Impuls mehr, sich davonzumogeln. Weder mit Ironie noch mit Skepsis. Etwas von Walthers Langmut ist auf ihn übergegangen.

Dennoch hat Max Schiss. Und fühlt sich ausgeliefert und gleichzeitig beschützt. Das kann man nicht mehr verstehen. Plötzlich hört der Krampf auf. Die Augen immer noch geschlossen, sieht er nicht, wie Walther über seinen Oberkörper streicht, wieder und wieder eine Geste macht, als zöge er etwas heraus und würfe es hinter sich. Ulrich sieht zu, als würde ein Kind getauft.

Schließlich sagt Walther: »So.« Und setzt sich zu Ulrich auf die Bank unter dem Fenster. Er zieht ein Taschentuch aus der Cordhose und hält es sich unter die Nase. Ein dunkler Fleck breitet sich darauf aus.

»Das passiert nur sehr selten, dass ich Nasenbluten bekomme. Aber das ist ein gutes Zeichen. Letztes Jahr war das zuletzt, bei einer Frau.«

Max nimmt es hin, völlig ruhig. Atmet nur.

»Jetzt schaust halt einmal, was sich verändert.«
Der Satz verfängt sich.
Vielleicht muss ich wirklich einmal hinschauen. Nicht immer in der Welt herumschauen, sondern hinschauen, denkt Max.

Walther lässt die Säge aus an dem Tag. Er würde gerne ein bisschen in Kontakt kommen, mit dieser Wesenheit von Max. Energie austauschen mit mir. Aber die Wesenheit ist bockig, er spürt es, und möchte sich ihm nicht zeigen.
Irgendwann gibt Walther auf und brummelt in seinen Bart: »Da haben sich ja die zwei Richtigen gefunden.«

18.
Die meisten Menschen brechen nur deshalb nicht zusammen, weil sie den Schmerz sonst nicht ertragen würden.

Tom ruft an, um sich wegen seines schmerzenden Rückens zu erkundigen, ob Max eigentlich noch dieses Feldenkrais-Zeugs machen würde. Max reagiert, als hätte man ihn bei einem Seitensprung ertappt. Natürlich würde er noch zu Charlotte gehen! Nichts anderes als Feldenkrais hätte ihm über die letzten Jahre geholfen. Tom müsse das unbedingt ausprobieren.

»Feldenkrais ist ...«

»Spitze«, schlägt Tom vor.

Sie kichern.

Unmittelbar nachdem er aufgelegt hat, ruft Max selbst bei Charlotte an und vereinbart einen Termin. Als Entschuldigung für sein Schweigen gibt er den Aufenthalt in der Spezialklinik an, obwohl der nun schon fünf Monate zurückliegt.

Es war nicht die ganze Wahrheit, als er zu Tom sagte, nur Feldenkrais hätte ihm geholfen. Nicht falsch, aber eben auch nicht ganz richtig. *Seine* Lehrerin ist es, nicht irgendeine, sondern eben die unweit der Isar, ihre dunkelblaue Liege, ihr Garten vor dem Fenster, begrenzt von den in ewigem Schatten liegenden Mauern. Er darf nicht sagen: Feldenkrais hilft mir. Eigentlich muss er künftig die ganze Geschichte erzählen.

Charlotte ist die Einzige, mit der er bislang völlig aufrichtig über seine Krankheit gesprochen hat. Vieles hat er nur ihr erzählt in den letzten Jahren.

Ihm tat gut, dass die Stunden immer gleich abliefen. Er klingelte, der Türöffner surrte. Charlotte war noch mit einem anderen Klienten beschäftigt. Im Flur zog er sich die Schuhe aus. Blätterte in dem leinenen Rilke-Gedichtband oder alten Psychologiezeitschriften. Währenddessen bereitete er sich auf ihre Frage nach seinem Wohlergehen vor. Ein paar Minuten später segelte sie aus dem Behandlungsraum, ergriff mit beiden Händen seine. Jedes Mal freuten sie sich so übereinander, als wäre er der nach Jahren aus der Kriegsgefangenschaft heimgekehrte Sohn.

Von der Liege hatte er den Blick auf den ihm in allen Jahreszeiten vertrauten Garten. Sie nahm Max Brille, Stock und irgendwann die Krücken ab und setzte sich ihm gegenüber auf einen Hocker. Genau dann erkundigte sie sich, wie es ihm ginge. – Er antwortete selten das, was er beim Warten vorbereitet hatte, sondern das, was ihn gerade am meisten bedrückte. Sie hörte sich alles an. Das reichte schon.

Nach ein paar Minuten forderte sie ihn auf, sich hinzulegen, und begann mit der Behandlung. Nahm einen Fuß, ließ ihn kreisen, beugte das Bein, drückte an seinen Hüften herum, zog seine Arme nach oben ... Er musste nichts tun, außer zu spüren, wie alles in seinem Körper miteinander zusammenhängt. Eine Bewegung des kleinen Zehs noch in der Wirbelsäule spürbar ist. Nach einer Dreiviertelstunde forderte sie ihn auf, sich hinzustellen und ein paar Schritte zu gehen. Meist war dann ein kleines Wunder geschehen, jedes

Mal ein anderes: Mal fühlte er sich so leicht wie noch nie, mal konnte er einen Fuß höher heben als sonst, mal war er einen Kopf größer. Einen halben Tag später ließ das Gefühl nach und verschwand schließlich. Aber die Erinnerung daran hielt ihn selbst dann noch aufrecht, wenn seine Wirbelsäule es nicht mehr tat.

Wie konnte er Charlotte nur betrügen?

Kaum liegt Max wieder auf ihrer Liege, sprudelt das Geständnis aus ihm heraus. Er erzählt ihr von den zähen Tagen im Krankenhaus. Dabei untertreibt er, wie schlecht es ihm vor dem Aufenthalt ging, und übertreibt, wie schlecht es ihm nachher ging.

Sie hebt seinen Kopf eine Handbreit hoch und lässt ihn kreisen wie bei einer Marionette. Max plappert weiter, erzählt von Walther und seiner Säge. Von dessen blutender Nase.

»Und wie ist es Ihnen damit ergangen?«

Max übergeht die Frage und kommt zum wesentlichen Teil seiner Beichte.

»Und dann war ich bei einem Handaufleger. Der hat lauter Zeugs geredet, das ich nicht verstanden habe. Über Quantenmechanik und Gnade. Da ist mir Ihre Mechanik irgendwie nachvollziehbarer.«

»Werden Sie noch einmal zu ihm gehen?«, fragt Charlotte.

»Ich weiß noch nicht. Erst mal nicht. Aber etwas anderes wollte ich Ihnen noch erzählen. Ich habe Fußball geschaut, und danach konnte ich besser gehen. Verrückt, nicht wahr?«

»Nein, überhaupt nicht. Das ist inzwischen auch erwiesen, dass das Denken an Bewegungen dieselben Gehirnareale aktiviert wie die Bewegung selbst. Der Feldenkrais wusste das schon ein halbes Jahrhundert früher. Aber die Wissenschaft hinkt der Erfahrung eben immer hinterher. Eine meiner Patientinnen saß nach einer Operation im Rollstuhl. Die hat sich selbst geheilt, indem sie sich eine Platte mit ›Giselle‹ gekauft hat und die Choreographie so lange im Kopf durchgegangen ist, bis sie wieder aufstehen konnte.«

Also doch Ballett! – Um sich seine Aufregung nicht anmerken zu lassen, fragt Max: »Und heute ist sie Primaballerina am Bolschoi-Theater?«

»Nein, aber die Frau läuft besser als Sie.«

Max verabschiedet sich, ohne den nächsten Termin zu vereinbaren. Diesmal vergisst er es ohne Hintersinn, so beschäftigt ist er noch mit der Balletttänzerin im Rollstuhl.

Ausnahmsweise hat Charlotte eine halbe Stunde Zeit bis zum nächsten Termin. Sie schenkt sich aus der Thermoskanne eine Tasse Kaffee ein und stellt sich damit ans Fenster. Den Gartenstuhl in der Mitte der Wiese hat sie nie benutzt. Und wird es wohl auch nie mehr. Etwas in ihrem Bauch zieht sich zu einer Stahlkugel zusammen. Warum hat sie Max nichts von dem Untersuchungsergebnis gesagt, fragt sie sich. – Die anderen Klienten hat sie bereits darüber informiert, dass sie für unbestimmte Zeit ausfallen wird. Möglichst sachlich und immer bemüht, unbesorgt zu klingen. Es hat ihr geholfen, zumindest die Fiktion von Normalität aufrechtzuerhalten, keine Panik zuzulassen. Davon ist schon genug in ihr. Nur Max hat sie nichts gesagt. Schließlich weiß sie, warum.

Sein Aktionismus, von einem Heiler zum anderen, hat ihr gutgetan, sie wollte ihm keinen Dämpfer versetzen mit ihrem eigenen Schmerz.

Manchmal würde man gerne bleiben, länger auf einer Liege sitzen, an einer Frau vorbei in einen Garten sehen – und sei es nur so lange, bis die Frau eine Tasse Kaffee ausgetrunken hätte. Ihr über den Rücken streichen, damit der Krampf in ihren Eingeweiden sich löst. Aber nein, nicht einmal das ist möglich, wenn ganz in der Nähe neues Unheil droht.

Du brauchst trotz aller Fortschritte doch dringend jemanden, der zumindest ein Auge auf dich hat ... Mit den Krücken hast du dich bis zur Straße getastet und drohst nun, vor- und zurückschwankend, jeden Moment umzufallen. Du hast mal wieder eine Wette mit dir abgeschlossen: Alles würde gut, wenn, ohne es bestellt zu haben, ein leeres Taxi vorbeiführe. Ganz wie in New York.

Zufällig kommt eines, im allerletzten Moment.

19.
Wenn die Menschen wüssten, was sie alles in sich entdecken könnten, hätte keiner mehr einen Fernseher.

»Sie müssen mit Ihrer Leber in Kontakt kommen.«

Karl nimmt die Hand vom Brustkorb seines Klienten. All die unterdrückte Wut wäre in dem Organ gespeichert, an die müsse er ran. Sonst gäbe es irgendwann ein Unglück. All die enttäuschten Hoffnungen auf Heilung, die hätten sich tief eingebrannt. Max öffnet die Augen und dreht den Kopf fragend zu ihm.

»Wie oft hat man Ihnen denn schon gesagt, dieses oder jenes würde Ihnen helfen, und dann war es wieder nichts? Im Gegenteil, es wurde schlechter, nicht wahr?« Als Max nickt, fährt Karl fort: »Legen Sie die Hand auf die Leber, hier am Brustkorb, und googeln Sie in Ihrem Gedächtnis ›unterdrückte Wut‹ oder Begriffskombinationen wie ›Wut Vater Mutter‹, und dann schauen Sie mal, was die Suchmaschine ausspuckt.«

»Und wenn die Wut da ist, was mache ich dann mit ihr?«

Die Wut habe eine bestimmte Frequenz, erklärt Karl. Und indem er sich ihrer bewusst werde, sende die Hand die entsprechende Gegenfrequenz aus. Der Rest folge den Gesetzen der Physik: Frequenz und Gegenfrequenz heben sich gegenseitig auf. Damit werde die zellulär gespeicherte Information gelöscht und die Leber ein Stück betriebsfähiger, weil sie sich nicht mehr mit dem unnötig belegten Speicherplatz herumplagen müsse.

»Aha.« Max kann seine Enttäuschung schwer verbergen.

Mr. Spock, beamen Sie die Wut auf der Stelle mit dem Frequenzdoppler weg. Und dann leiten Sie sofort eine Gehirntransplantation ein. Also dalli!

Den Rest der Stunde unterhält Max sich mit immer neuen Variationen der Folge »Intergalaktische Begegnung mit der Leber«.

An diesem Abend lässt Max die Hände nach einem halbherzigen Gebet gefaltet. Da war doch was! Leber, bitte melden!, schießt ihm durch den Kopf und: Entweder heute oder nie. Vielleicht ist an der Sache mit dem Frequenzdoppler ja doch was dran.

Zögerlich legt er die linke Hand auf den rechten Rippenbogen. Hat Karl links oder rechts gesagt? Max versucht zu rekonstruieren, wo sein Heiler stand, als er ihm das mit dem Speicherplatz erklärte. Also rechts. Aber wirklich so weit oben? Die Leber ist doch eigentlich auf Hüfthöhe, oder drüber? – Morgen würde er im Internet nachsehen, und wehe, Karl hätte ihm die falsche Stelle gezeigt! Dann – dann – Max fällt keine andere Drohung ein außer der, die Behandlung abzubrechen.

Als er seine Aufmerksamkeit endlich auf die Hand richtet, spürt er nichts außer dem Atemschwanken wie auf Deck eines Schiffs bei mittelschwerem Seegang. Rauf und runter geht es mit dem Brustkorb, manchmal mit Stockungen. Bald bemerkt er, dass jeder Atemzug sich von dem vorherigen ein wenig unterscheidet. Mal hebt sich mehr das Bauchheck, mal der Rippenbug, mal klatscht alles mit Rums nach unten, mal gleitet es sanft dahin. Auch die Rippen fühlen sich nicht wie festbetoniert an, sondern wie lose miteinander verbundene Planken, jede mit Eigenleben. Seine Leber müsste schon lange seekrank sein ... Aber, so ermahnt er sich, er soll ja nicht Seemann spielen, sondern sich um die Wut kümmern. Gegenfrequenzen und so. Max fällt T. ein, die unerwiderte Liebe des vorletzten Herbstes, und wie er abserviert wurde bei einem Cappuccino zwischen zwei Terminen. Anscheinend hat er schon zu oft daran gedacht, die Erinnerung löst keine Empörung mehr aus. Weiter also. Er geht die üblichen Verdächtigen durch, eine ehemalige Kollegin, einen Lehrer, keine Wut. Ist er etwa ein Heiliger?

Auf einmal ist da etwas mit seiner Hand. Nicht mit der Hand selbst, eher unter ihr. Unter den Rippen pulst es heiß. Erschrocken zieht er sie zurück und legt sie auf die Bettdecke. Was ist da los?

Zehn Minuten später liegt die Hand wieder auf der Leber. Und dieses Mal erkennt er mehr. Unter dem Atem rumort wirklich etwas anderes, da tut sich was. Wut, denkt er mehrfach, nicht mehr in Worten, sondern jenseits der Sprache. Tränen schießen ihm in die Augen. Als sie ihm übers Gesicht an den Ohren vorbei aufs Kopfkissen tropfen, fühlen sie sich viel schwerer und voller an als jemals zuvor. Wieder ist es heiß unter seiner Hand. Und eine Abart von Angst erfüllt ihn: Was, wenn Karl Recht hat? Max will sich nicht mit seiner Physikerfreundin Sandra über die richtige

Definition von »Frequenz« streiten müssen. Noch schlimmer wäre allerdings, wenn sie ihm aus Mitleid nicht einmal widersprechen würde. Ja, das wäre das Schlimmste, der stumme Widerstand seiner Freunde. Wenn sie ihn gewähren ließen wie einen hoffnungslosen Fall, dem man den letzten Strohhalm nicht wegnimmt ... Er hört auch schon, wie sein Arzt mit hochgezogenen Brauen sagen wird: Aha, Sie spüren also Ihre Leber, und heiß ist sie auch ... Schön, schön, aber nicht zu oft einen über den Durst trinken! – Somit steht fest, dass er über seine Leber höchstens mit Karl sprechen kann, dessen selbstgewisses Lächeln muss er eben in Kauf nehmen.

Aber weiter jetzt.

Nun ist ihm egal, was die anderen hierüber denken. Aufstöhnend lässt er sich fallen in einen Strudel aus Empfindungen und Bildern.

Am nächsten Morgen überprüft er als Erstes den Sitz der Leber. Wikipedia antwortet: »Die Leber ist mit etwa 1,5 kg Gewicht das größte Organ des menschlichen Körpers und liegt im Bereich des rechten Oberbauchs. Wenn die Leber durch eine Krankheit vergrößert ist, kann sie im Rahmen einer Untersuchung des Bauches durch einen Arzt deutlich unter dem rechten Rippenbogen ertastet werden.« – Immerhin: die eigene Leber zu spüren ist nichts Intergalaktisches.

Beim Weitergoogeln fällt ihm auf, dass einer funktionierenden Leber vergleichsweise wenig Aufmerksamkeit geschenkt wird. Nur die kranke erregt Interesse. Es scheint das Los aller Organe zu sein ...

Lange genug hat es gedauert, bis du mit Neugier statt Abscheu auf deinen Körper siehst. Nun hast du dich also doch auf den Weg gemacht, nach innen. Eine Abenteuerfahrt, auf der dich niemand begleiten kann. Nicht einmal ich.

Ich warte hier. (Aus lauter Langeweile habe ich schon mal angefangen, deine Bücher zu lesen.) Mal sehen, wie und wann du wieder auftauchst. Wahrscheinlich unrasiert, aber mit leuchtenden Augen. Bis dahin hülle ich mich in Schweigen. Sofern ich das aushalte.

20.
Einem Vollidioten sollte ein Rollstuhlfahrer ruhig mal in die Hacken fahren.

Jeder Straßenbauer, der im dritten Jahrtausend nach Christus noch Kopfsteinpflaster verlegt, gehört standrechtlich erschossen. – Max lächelt grimmig, er wäre der Kronzeuge der Anklage.

Weitere zehn Meter Gehoppel hält er nicht aus. Also fährt er auf die Straße, vier Räder sind vier Räder. Es ist nicht einzusehen, die schön geraden und asphaltierten Straßen stinkenden Autos zu überlassen. Mit Bürgersteigen hat er abgeschlossen …

Aber das ist doch verboten, mit dem Rollstuhl auf der Straße zu fahren! Solche Ermahnungen werden in ihm mit der Stimme seiner Schwester vorgetragen … Und überhaupt, was heißt schon verboten? Ein Rollstuhl gehört auch verboten. Sollen sie doch kommen und ihn einsperren. Max wünscht sich sogar eine Begegnung mit einem Polizisten, am besten einer ganzen Hundertschaft. Er hat schon eine kurze Ansprache vorbereitet, die damit enden würde, den Beamten aufzufordern, einmal bis zum Tengelmann und zurück mit seinem Rollstuhl zurückzulegen, ordnungsgemäß auf dem Bürgersteig wohlgemerkt. Anschließend würde er den völlig erschöpften Beamten eigenhändig auf die Straße eskortieren! – Erst jetzt bemerkt Max, dass ihm jemand von eben diesem Bürgersteig etwas zugerufen hat. Er bleibt stehen und sieht sich um.

»Immer auf Risiko, was?«

Ein Bekannter, Verkäufer in einem der Klamottenläden, steht da rauchend, die freie Hand in die Hüfte gestemmt. Mit Kennermiene fragt er: »Und, Schub gehabt?«

Instinktiv setzt Max sein Patientengesicht auf und zieht die Schultern hoch.

»Nee, ist einfach so schlechter geworden.«

Der Verkäufer winkt mit der Zigarette ein Auto an ihm vorbei.

»Du weißt ja, was dir bevorsteht.«

Max schüttelt den Kopf.

»Sag du es mir!«

»Es kann nur schlechter werden.« Der Typ lacht sogar über seinen Scherz.

»Oder besser«, beharrt Max matt.

»Wenn der Körper verfällt, bekommt man dafür immerhin innere Freiheit. Das ist doch auch ein Trost.« Mit diesen Worten dreht der Kerl ab und verschwindet in seiner Herrenboutique. Max winkt ihm durch die Schaufensterscheibe zu und flüstert dabei leise: »Vollidiot.«

Eine Ecke weiter laufen ihm Tränen über das Gesicht.

Nein, dieses Wissen bietet keinen Trost.

Aber was dann? Was könnte ihn eigentlich trösten?

Ihm fällt nichts ein.

Wenig später holt ihn Andreas ab, ein befreundeter Theologe, um ihn zu einem Vortrag in der Katholischen Akademie mitzunehmen. Die beiden Inhaber eines Lehrstuhls für »Spiritual Care« würden sich vorstellen. Kein Mensch wüsste, was das sein soll. Aber gerade deswegen müsste man hin. Das wäre doch was für ihn!

Nach professoral launigen Eröffnungsworten versuchen die beiden Wissenschaftler, die sich den Lehrstuhl ökumenisch teilen, ihren Forschungsgegenstand zu erläutern. Krankheit sei heutzutage etwas ganz anderes als vor hundert Jahren, alles komme gerade ins Rutschen, lauter bewährte Gewissheiten gelten nicht mehr. Das merke man schon daran, dass nicht mehr alle gesundheitlichen Phänomene physiologisch oder psychosomatisch erklärbar seien. Ein Umdenken setze ein, sogar an der Universität. Der Glaube könne nicht mehr vom Prozess der Heilung getrennt werden, mehr noch: Heilung und Glaube gehörten irgendwie zusammen. Gläubige Menschen seien gesünder, unerklärlich, aber eine inzwischen dutzendfach bestätigte Tatsache. Glaubende Menschen genesen schneller, ebenfalls unerklärlich. Der Empirismus wäre am Ende, ohne dass die strengen Empiristen es gemerkt hätten. Und nun häufe neben der Faith-Forschung und der Coping-Forschung auch noch die aus Amerika herübergeschwappte »Spiritual Care« weitere Studien an. Genau hier wollen die beiden Professoren ansetzen, an der Schnittstelle zwischen Wissen und Glauben.

Max lässt sich von ihrem Enthusiasmus bereitwillig mitreißen. Wie spannend es doch ist, gerade in diesen Zeiten krank zu sein! Doch im Publikum macht sich Unruhe breit. Ein wenig genauer hätte man es nun schon gerne gewusst, wie das funktioniert mit dem Glauben.

Nach der Pause beschreiben die beiden Professoren je eine halbe Stunde ihre Forschungsprojekte. Integrativ, modular und interdisziplinär wollen sie mit Studien, Kolloquien und Publikationen in fünf Jahren immerhin so weit sein, eine Definition von »Glauben« vorlegen zu können. Die zumeist pensionierten Zuhörer wirken enttäuscht. Sie haben sich alle etwas Anwendbares erwartet, inklusive Max. Die meisten sind nur in der Hoffnung geblieben, dass es bei der Fragerunde endlich konkret würde. Doch die beiden Wissenschaftler weigern sich beharrlich, praktische Hilfestellungen in Leidensfragen zu geben. Sie wollen nichts weiter, als die tastenden Versuche der Leidenden beschreiben, quantifizieren und katalogisieren.

Plötzlich steht ein uralter, buckliger Mann auf und tastet sich zum Mikrofon: Arzt sei er gewesen, so stellt er sich vor, und nun müsse er endlich etwas loswerden: »Das Bewusstsein des Menschen liegt in seiner Großhirnrinde. Wird diese nicht mehr mit Sauerstoff versorgt, ist der Mensch tot, und das Bewusstsein existiert nicht mehr, Punkt. Mehr gibt es zu dem Ammenmärchen vom Glauben nicht zu sagen.«

Auch Max hält den Atem an. Wie kommt der dazu, gerade hier den Glauben komplett in Frage zu stellen? Wo doch seine heilende Kraft gerade bewiesen wurde.

Noch bestürzender als seine Ablehnung ist der Zorn, mit dem der alte Mann seinen Unglauben artikuliert. Ein Zorn, der gar nicht direkt gegen die Professoren auf dem Podium gerichtet ist, auch nicht gegen die anderen Zuhörer, vielleicht nicht einmal gegen sich selbst, sondern direkt gegen Gott. Was fällt diesem ein, nicht zu existieren.

In das eisige Schweigen erzählt der alte Mann, nun leiser, vom Sterben seiner Frau. Ganz am Ende habe er den Pfarrer handgreiflich vom Krankenbett ferngehalten. Um der Ärmsten nicht die letzte Hoffnung auf Genesung zu nehmen.

Wie kalt es sich anfühlen muss, gerade in dieser Frage die Wahrheit gepachtet zu haben. Tut der Mann sich und dem Rest des Publikums deshalb weh, um zu spüren, ob er noch lebt? Max hat plötzlich Mitleid mit ihm. Er wirkt so verloren in seiner Rechthaberei.

Irgendwann hätte einer der beiden Professoren den Alten stoppen müssen, überlegt Andreas, nachdem er Max daheim abgeliefert hat. Es geht nicht an, dass sie sich mit wissenschaftlicher Vornehmheit erst zurückhalten und dann dem Anti-Christ die Bühne überlassen. Andreas ist es unangenehm, seinen Freund zu der verunglückten Veranstaltung mitgenommen zu haben. Während des ganzen Vortrags saß er wie auf Kohlen, fühlte sich für jedes Wort verantwortlich. Dabei weiß er genau, dass Max gerade das nicht ausstehen kann, wenn man sich um ihn sorgt. Aber natürlich tut man es doch und muss ihm dann auch noch vorspielen, es nicht zu tun. Und Max weiß, dass man spielt, und lässt einen trotzdem zappeln.

Er wollte ihm doch einfach nur etwas Gutes tun, verdammt noch mal.

Andreas tritt kräftiger in die Pedale und rast über die rote Ampel an der Theresienwiese.

21.
Zwei Menschen können sich gegenseitig sogar mit der Aussage trösten, dass es keinen Trost gibt.

Die Frage, was ihn trösten könnte, verfolgt Max. Wie ein Sudoku, das nicht aufgeht. Er muss mit irgendwem darüber reden. Aber seine Freunde, sonst für jedes Thema offen, drucksen herum. Selbst Tom sieht ihn nur groß an: »Trost. Hm, das ist doch eher was für Kinder.«

»Ja, aber vielleicht verschwindet das Bedürfnis danach nicht, nur weil man erwachsen wird.«

Tom zuckt mit den Schultern. Plötzlich lächelt er erleichtert, ihm ist eingefallen, wie er Max helfen und sich trotzdem aus der Affäre ziehen kann: »Ich gebe dir die Nummer von meiner Freundin Sophie. Wenn jemand etwas über Trost weiß, dann Sophie. Sie hat ein Buch über Sterbebegleitung geschrieben. Und rackert seit dem Tod ihres Mannes in einem Hospiz. Da hat sie bestimmt einiges darüber zu erzählen. Pass nur auf, dass sie dich nicht einfängt mit ihren Geschichten.«

Sophie erklärt sich sofort bereit, Max zu treffen, obwohl sie im selben Atemzug verkündet, mit Trost größte Schwierigkeiten zu haben. Mehr dazu dann unter vier Augen.

In dem vereinbarten Café ist sie vor ihm da. Eine hagere Frau mit wachen Augen, Mitte fünfzig vielleicht. Früher wahrscheinlich Kettenraucherin. Ohne Kennenlerngeplänkel kommt sie gleich zum Thema.

»Trost«, rechtfertigt sie ihre spontane Ablehnung, »gibt es für mich nicht. Nur die Einsamkeit der Trauer, und die hat mit den Jahren noch zugenommen.«

Über das Sterben und den Tod ihres Mannes spricht sie ohne jede Hemmung. Sieben Jahre liegt das bereits zurück. Die acht Wochen von der Diagnose bis zu seinem Ende hätten sie gezeichnet. Während der ganzen Zeit hätten sie beide den Tod kein einziges Mal erwähnt, immer nur über das Leben gesprochen. Obwohl alles auf den Tod hinauslief. – Max fragt sich, ob sie das jetzt nachholt, so exzessiv, wie sie darüber redet.

»Und dann sterben sie einem weg. Mein Paul innerhalb von zwei viel zu kurzen Monaten. Oder die Tochter meiner Freundin Hedwig. Die war so alt wie Sie jetzt, überfahren von einem Müllauto. Und meine Nachbarin hat ihre beiden kleinen Kinder bei dem Tsunami verloren. Buchstäblich. Einfach weg. Nicht einmal eine Beerdigung. Meinen Sie wirklich, für die gäbe es Trost? Das ist doch blanker Hohn.«

Dass es gar keinen Trost gibt, möchte Max nicht stehen lassen, ohne dass ihm ein Grund einfällt. Als hätten Trauernde eine Pflicht, sich trösten zu lassen. Die Zeit heilt alle Wunden. Weisheiten dieser Art sind das Einzige, was ihm in den Sinn kommt. Als hätte er als Nichtbetroffener ein Anrecht darauf, dass Sophie ihr Leben irgendwann wieder genießt. Irgendetwas muss es doch gegeben haben, bohrt er weiter, die Anteilnahme ihrer Freunde, hat die den Schmerz nicht wenigstens gelindert?

Nein, erklärt Sophie kategorisch, im Gegenteil. Die meisten verwechselten Trösten mit gute Ratschläge Geben. Und mit der Zeit sei das Mitgefühl der Freunde sogar in Ungeduld umgeschlagen. So viele Jahre der Trauer seien nicht mehr normal, sagten sie inzwischen. Am schlimmsten aber seien die Bücher über »Trauerarbeit«. Die täten alle so, als müsste sie nur tapfer die vorgegebenen Phasen zu neuer Unbeschwertheit durchschreiten, als gäbe es eine Pflicht, irgendwann wieder ins Sonnenlicht des Lebens zu treten.

»Alles Quatsch. Vielleicht mag ich deswegen keinen Trost. Weil er mir aufgezwungen wird.«

Max fühlt sich um etwas betrogen. Sophie spürt sein Unbehagen und setzt nach: »Alles Getröste hat mit Macht zu tun. Schauen Sie sich die Tröster doch an: Gott, der seine Geschöpfe tröstet – oder einer seiner selbsternannten Vertreter, oder Eltern, wenn sie ihren Kindern beim Trösten das Blaue vom Himmel vorlügen, immer von oben runter. Wenn überhaupt, dann müsste es Trost auf Augenhöhe sein. Aber so was habe ich noch nicht gefunden.«

»Trost auf Augenhöhe. Nein, der ist mir auch noch nicht begegnet.«

Kaum weiß sie Max auf ihrer Seite, entspannt Sophie sich.

»Vielleicht ist da doch etwas. Dass es auf dieser Welt Dinge gibt, die der Zerstörung widerstehen, das gibt mir Halt. Die Kraft meines Mannes gegenüber dem Tod, sein innerliches Aufgerichtetsein, gerade die letzten Tage über. Das konnte diese heimtückische Krankheit nicht zerstören. Das war stärker. Vielleicht ist das etwas entfernt Vergleichbares wie Trost.«

Sie sieht Max lange an und erzählt ihm eine Geschichte.

Während des Studiums hat sie schon einmal einen geliebten Mann verloren. Er hat sich umgebracht, aus Angst, die Dämonen in seinem Inneren nicht mehr zügeln zu können. Vor dieser unheimlichen, schwarzen Kraft wollte er sie beschützen. Sophie fand ihn im ausgebauten Dachgeschoss seines Hauses. Nackt und mit ausgestreckten Armen lag er am Boden. Damals hat sie sich mit Wut getröstet, mit maßlosem Zorn darüber, dass er seinen Selbstmord während ihrer ganzen Beziehung geplant hatte. Als hätte er nur mit ihr gespielt. Dieses perverse Gefühl rettete sie über die schlimmsten Monate. Ob das wohl Trost ist?

Max denkt nach. Was soll er auch sagen? Er weiß es nicht. Zu seiner Überraschung strahlt Sophie.

»Mit Paul habe ich in Budapest einmal jemanden gesucht, der einen geerbten Pelz umarbeiten kann. Nach langem Suchen haben wir an einem unscheinbaren Wohnhaus ein Schild entdeckt: III. Stock, Kürschner. Wir klingelten. Es öffnete eine alte Dame. Nachdem wir ihr unser Anliegen geschildert hatten, wollte uns die Frau gerade unverrichteter Dinge verabschieden, als eine männliche Stimme etwas aus dem Nebenraum rief. Die Frau verschwand. Wenig später kam ein Mann, im Anzug und mit einem Luftröhrenschnitt, schon deutlich vom Tod gezeichnet. Er ließ sich den Mantel zeigen. In drei Tagen könnten wir ihn abholen, sagte er uns. Seine Frau schüttelte nur den Kopf. Da haben Sie es wieder, es gibt Dinge, die mächtiger sind als der Tod. Jemand tut seine Pflicht bis zum Schluss. Den Mantel trage ich übrigens noch immer.«

Max denkt lange über ihre Worte nach.

»Wahrscheinlich haben Sie Recht. Trost ist nichts Süßliches, nichts mit Flügelchen und Sinnsprüchen. Zumindest nicht, wenn er wirken soll.«

Sophie nickt.

»Wir müssen uns gegen diese Übergriffe wehren, wenn jemand kommt, um uns zu trösten. Sie wegen des Rollstuhls oder mich. Dass die Welt doch so schön wäre. Diese Leute wollen uns ihren Schmusetrost ja nur aufzwingen, damit wir die Schwächeren sind. Einlullen wollen sie uns, bis wir uns ergeben. Damit sie selbst besser schlafen können.«

Wie Recht sie doch hat. Oft genug hat Max erlebt, wie Mitleid und missglückte Trostversuche ein unerträgliches Gebräu ergaben. Auf diesen Beistand kann er gut verzichten. Gegenseitig beglückwünschen Sophie und Max sich, den Tröstern auf die Schliche gekommen zu sein.

Sie setzt nach: »Haben Sie schon mal drauf geachtet, wie viele Tröster sich hauptsächlich selbst trösten? Sie wollen dich und das Leid kleinhalten mit ihrem Trost. Reine Selbstgefälligkeit ist das, wenn einer sagt: Ist doch alles nicht so schlimm. Weiß der denn, wie schlimm es für einen ist?«

»Sie wollen alles Leid wegzuckern.«

»Zurechtrücken, verkleinern, wegschrumpfen. Weil es ihnen die Sicht auf ihr rosarotes Häuschen versperrt.«

»Und den Vorgarten mit den Rosen. Und den Zaun.«

Sie schweigen eine Weile.

Schließlich sagt Sophie: »Wissen Sie was, das hat mir jetzt richtig gutgetan.«

Seid ihr denn von allen guten Geistern verlassen? Charlotte, Tom, Sophie – und nicht zuletzt du. So verschieden und doch so gleich: Ihr könnt kaum mehr aufrecht stehen vor lauter Leid und verwechselt dennoch ununterbrochen Trost mit Trotz.

Wie könnt ihr Trost nur so leichtfertig von euch weisen? Etwas für Kinder, meint ihr. Und verschränkt genau wie diese die Arme trotzig vor der Brust. Als wäre er eine besonders heimtückische Art der Freiheitsberaubung. Ihr glaubt, mit Zynismus ausreichend geschützt zu sein. Aber der wärmt nicht auf dem Weg nach unten.

Höchstens Liebeskranken gesteht ihr Trostbedürftigkeit zu, aber für euch, die wirklich Leidenden, wäre das nichts. Aber heimlich sucht ihr ihn dann doch wie Raucher eine am Vorabend versteckte Zigarettenschachtel.

Und wenn ihr euren aus Büchern oder Kinofilmen zusammengerafften Billig-Trost im Klo geraucht habt, spült ihr die Kippe hinunter. Spricht euch jemand auf eure muffige Kleidung an, redet ihr euch heraus, indem ihr dem Trost neue Namen gebt. Auf einmal heißt er dann Zuwendung, Nähe, Vertrauen – lauter unverfängliche Worte, um das Eigentliche zu verdecken.

Euer ganzes Leben soll sich möglichst auf der Oberfläche abspielen: In die Tiefe, zur eigenen Scham, zur Verzweiflung, zur Einsamkeit steigt kaum einer hinunter. Alles wird aufgehübscht, überpinselt, weggeschminkt. Um unter allen Umständen das Gesicht zu wahren. Das ist euch wichtiger, als das eigene Leid zu stillen.

Die eigene Trostbedürftigkeit zu gestehen hieße ja hinzusehen und zuzugeben, dass sie euch einsam macht. Dass ihr ohne Hilfe, von wem auch immer, damit nicht klarkommt. Ist es nicht so, Max? Lieber beißt ihr euch die Zunge ab, als das zu bekennen.

Warum verlässt gerade die Starken so oft der Mut, wenn es um sie selbst geht? Und wehe, jemand erklärt einen anderen für trostbedürftig! Das ist das größte Tabu, außer derjenige kann sich dagegen nicht mehr wehren.

Zur Not seid ihr gerade noch bereit, euch Trost zu holen wie ein Gericht beim Chinesen um die Ecke. (Ihn zu empfangen als einen Akt der *Gnade*, vielleicht sogar ungefragt, stößt euch ab. Sofort unterstellt ihr wieder, jemand wolle euch beeinflussen. Deswegen sagt man euch besser nicht, dass jeder Trost ein Geschenk ist. Jeder. Egal, woher – egal, von wem.)

Und wehe, ihr bekommt nicht genau das, was ihr bestellt zu haben glaubt, dann gibt es gleich einen Aufstand. Anke in Stuttgart, die Verlassene, erwartet von ihren Freundinnen ausschließlich Schimpftiraden auf ihren Ex-Mann. Wenn sich jemand erdreistet, ihn zu verteidigen, schaltet sie sofort auf Angriff um. Ihr Menschen manipuliert an euren Tröstern so lange herum, bis ihr genau das Gewünschte erhaltet.

Nicht einmal unmittelbar danach könnt ihr sagen: Endlich bin ich getröstet worden. Nein, dann hat Trost erst recht nichts mit euch zu tun.

Und in aller Unschuld lasst ihr euch trotz aller Vorbehalte immer ein Hintertürchen für den Notfall offen. Max, du Trost-Trotzkopf hast dir die Formulierung »Trost auf Augenhöhe« eingeprägt wie eine Verheißung. Stimmt doch, oder?

22.
Alle tröstenden Sätze hintereinander geben keinen Trost, sondern machen schwindlig.

Max setzt sich mit Hausaufgabenmiene an den Schreibtisch, vor sich ein Blatt Papier und einen stumpfen Bleistift. Ohne Eile kramt er so lange in der Schublade, bis er das Plastiklineal aus Grundschultagen gefunden hat. Die Beschriftung hat sich schon lange abgelöst. Es ist nun vollkommen durchsichtig.

Mit einer sauberen Linie teilt er das Blatt in zwei Hälften. Über die linke schreibt er: *Tröstliche Gedanken* und über die andere: *Sachen, die mich überhaupt nicht trösten.*

Mit der rechten Spalte fängt er an.

Anderen geht es noch schlechter. – Der Sinn dieses Satzes hat sich ihm nie erschlossen. Was sollte ihm das Wissen helfen, dass es noch ärmere Schweine gibt als ihn? Der Trost, den man aus fremdem Leid zieht, ist wie Fastfood: billig, schnell zu haben und verursacht Blähungen.

Wenn Max ehrlich ist, kann er sich der Versuchung des Vergleichens auch nicht entziehen. Also malt er einen kaum sichtbaren Pfeil Richtung links. Eines seiner Lieblingsvorbilder ist nämlich eine uralte Nonne. Er hat sie bei einem Urlaub in Südtirol vor ihrem Kloster beobachtet. Ein ungefähr gleichalter Pfarrer hatte sie gerade zu ihrem klapprigen roten Golf eskortiert. Auf der Rückbank war bereits der Rollstuhl festgeschnallt. Vom Rückspiegel baumelte ein Rosenkranz, den man auch ohne Lesebrille verwenden konnte. Die Krücken verstaute sie auf dem Beifahrersitz. Der Pfarrer faltete die Hände, als sie in weitem Bogen ausparkte, riss sich dann aber zusammen und winkte ihr nach. So cool, ohne jede Coolness, will auch Max mit seiner Gebrechlichkeit umgehen.

Es könnte schlimmer sein. – Eine Variante der ersten Aussage, nur ohne andere in die Pfanne zu hauen. Ja, es könnte schlimmer sein, aber eben auch besser. Und im Zweifelsfall wird es ja von alleine irgendwann schlimmer. – Im Schnitt ist es also genauso schlimm, wie es ist. Das beruhigt Max nicht.

Die Hoffnung stirbt zuletzt. – Manchmal, wie bei diesem Satz, ist es mehr die Formulierung, an der er sich stört. Sobald es nach Mottenkugel oder Privatfernsehen klingt, fühlt er sich abgestoßen. Trost wird so schnell schal wie ein frisch gezapftes Bier.

Jedem Anfang wohnt ein Zauber inne. – Der Vers steht stellvertretend für alle Spruchweisheiten, die ihm auf die Nerven gehen. Dann streicht er ihn wieder durch, denn er hat mit seiner Situation augenscheinlich gar nichts zu tun. Stattdessen schreibt er summend auf die linke Seite einen Vers aus einem Lied von Richard Strauss: *Morgen wird die Sonne wieder scheinen.*

Je länger er darüber nachdenkt, desto unklarer wirken nicht die Sätze, sondern die Überschriften. Eine andere Betonung, eine andere Haltung, eine andere Tonart – und schon passen sie nicht mehr.

Ist das alles?

Erst nach längerem Nachdenken fällt ihm noch etwas für links ein.

Wenigstens bin ich auf eigenen Füßen von Stuttgart nach Genua gelaufen, und ich war in Istanbul und ... Ja, die dreißig Jahre Unversehrtheit trösten ihn. Dass er so vieles schon erlebt, so viele Städte gesehen hat. Die Erinnerung daran hilft ihm über das unentdeckt Bleibende hinweg. Das Fernweh lässt sich so niederhalten. Meistens wenigstens.

Hätte ich xxx auch ohne Behinderung gemacht? – Diese Hilfsfrage funktioniert eigentlich immer: Spagat auf dem Schwebebalken machen beispielsweise, oder: unter Wasser Haie beobachten. Die Antwort fällt immer eindeutig aus.

Kinder? – Das Fragezeichen ist größer als das Wort. Max kommt darauf, weil er an diesem Tag in der Zeitung zwischen den Katastrophenmeldungen die über ein kleines Mädchen gelesen hat: Eine Fünfjährige war versehentlich drei Stationen weiter als der Rest der Kindergartengruppe gefahren. In der Polizeiinspektion bekam sie ein Malbuch und wurde wenig später von den erleichterten Erzieherinnen abgeholt. Mehr nicht. – Für die Tränen in seinen Augen geniert Max sich immer noch, deswegen das Fragezeichen. So schnell wird er niemandem eingestehen, wie sehr ihn der Anblick von Kindern tröstet. Eher beißt er sich die Zunge ab.

Direkt unter *Kinder?* schreibt er in einer Reihe:

Warme Suppe

Kartoffelacker

(Geld – tröstet allerdings nur, wenn man genug davon hat. Nicht zu viel, nicht zu wenig. Genau genug.)

Heimatgemeinde

Umarmung

Trösten die ganz einfachen Dinge und Gesten am besten? Manchmal reicht schon der Begriff, von dem etwas Wärmendes ausgeht. »Und sprich nur ein Wort, so wird meine Seele gesund.« – So ist das also gemeint.

Max nimmt das Lineal in die Hand und hält es sich vor die Augen. Alle Sätze verschwimmen. Er grinst. Dann schreibt er direkt unter *Umarmung,* dabei fester aufdrückend: *Alles geht einmal zu Ende.*

Und gleich dahinter und über die Linie bis auf die rechte Seite: *Nichts geht zu Ende, alles verändert sich.*

Er knüllt das Blatt zusammen. Zu verworren und widersprüchlich das Ganze.

In diesem Augenblick treffen vor seinem Fenster zwei ältere Damen aus der Nachbarschaft aufeinander. Jeden Sonntag verabreden sie sich an der Kreuzung, bei Wind und Wetter, um anschließend gemeinsam zur Kirche zu gehen. Dieses Ritual wirkt sogar auf einen Beobachter tröstlich. Und dass sie sich immer noch siezen, nach wer weiß wie vielen Jahrzehnten.

Als sie weg sind, streicht Max das Blatt auseinander und schreibt auf die linke Seite neben *Umarmung* noch zwei Worte:

Rituale. Und daneben: *Vergessen.*

23.
Hin und wieder ist von außen unmöglich zu erkennen, wer eigentlich wen tröstet.

Max hat es schon zweimal bei seiner Feldenkrais-Lehrerin probiert. Fünf Wochen sind seit dem letzten Termin vergangen. Beim ersten Versuch war der Anrufbeantworter ausgeschaltet, beim zweiten, Tage später, ein neuer Spruch darauf. Sie wäre zur Zeit besser über Handy zu erreichen. Irritiert notierte er sich die Nummer. Hatte Charlotte nicht mehrfach behauptet, gar keines zu haben?

Während des Wählens überlegt er, was er auf ihre Mailbox sprechen würde. Doch schon nach dem zweiten Klingeln hebt sie ab. Ihre Stimme ist kaum wiederzuerkennen.

Charlotte erklärt, dass sie auf unabsehbare Zeit nicht arbeiten könne. Die Operation habe sie gerade hinter sich gebracht, jetzt beginne die Bestrahlung. Solche Nachrichten sind wie ein Kieselstein im Rasenmäher des Alltags. Es macht ein scharfes Geräusch, und der Motor fällt aus.

Max weiß nicht, was er sagen soll. Die Situation hat etwas Absurdes: Charlotte ist doch diejenige, die ihm beisteht, die Trostspenderin. Nicht andersherum! Sie klingt müde und erschöpft. Das erschreckt ihn. Hatte damals in der Schule ein Mitschüler nicht gelernt, wirkte das anspornend. Aber wenn ein Lehrer nicht mehr weiter wusste, wurden alle unruhig.

Fieberhaft überlegt er. Irgendetwas Kluges müsste ihm

jetzt einfallen, etwas Nicht-Abgedroschenes. Aber mit Klugheit allein kann man niemand trösten. Das weiß er selbst. Etwas von sich müsste mit dabei sein. Wie in einem Zaubertrank ein Haar oder ein Tropfen Blut. Aber es kommt nichts, die Formel fällt ihm nicht ein. Auf keinen Fall möchte er es dahin kommen lassen, dass sie ihn trösten muss wegen seiner Unfähigkeit zu trösten. Auch das hat er oft genug am eigenen Leib erlebt.

Er braucht eine ganze Weile, um zu begreifen, dass sie gar nichts von ihm erwartet. Dass er überhaupt angerufen habe, zähle so viel, sagt sie.

Was sie mit tonloser Stimme über die Schlachten in und um ihren Körper berichtet, macht ihm noch mehr Angst. Das Ausgeliefertsein sowohl gegenüber diesen böswilligen Zellen als auch dem medizinischen Apparat. Er kann sich nicht einmal ausmalen, was sie alles mit ihr machen, das ist das Schlimmste daran. Seine Fantasien werden durch keine Erfahrung gebremst.

Da erinnert er sich an die vielen Gespräche mit ihr auf der Liege sitzend. Sofort strahlt ein warmes Gefühl in das Telefonat. Er sieht Charlotte vor sich auf dem Hocker, wie sie ihn ansieht während seiner Hiobsbotschaften, wenn wieder eine Verschlechterung eingetreten, wieder ein Stück Normalität verloren gegangen war. Nun gelingt es ihm zuzuhören wie sie, ohne alles auf sich und seine Ängste und seinen Körper zu beziehen, ohne sich abzuwenden. Selbst dann nicht, als ihre Stimme immer brüchiger wird und schließlich in Tränen ertrinkt.

Sie versucht, aus dem Brunnenloch des Leids zu klettern,

indem sie sich wieder und wieder für seinen Anruf bedankt. Bis sie merkt, wie unangenehm ihm das ist. Genau das hilft wiederum ihr, endlich hat sie festen Boden unter den Füßen. – Es ist mühsam, das Trösten, und wenn es wirken soll, darf man scheinbar keine Angst haben, sich die Hände schmutzig zu machen.

»Das werde ich Ihnen nie vergessen«, sagt sie noch einmal.

Max weiß, dass auch er diesen Anruf nicht vergessen wird.

Plötzlich versteht er, dass er zum Trösten kein Abitur braucht. Er muss weder die Geschichte der Erbauungsliteratur oder rührselige Stufen-Gedichte auswendig kennen, noch die Definitionen der »Spiritual Care«-Forscher abwarten, noch wissen, was Psychologen, Soziologen, Anthropologen dazu alles herausgefunden haben. Er braucht nicht einmal eine Erklärung für das Leid oder einen wasserdichten Gottesbeweis. Trösten heißt nicht, Antworten zu finden. Es reicht, da zu sein. Kein Stress. Anstrengend ist auch das, weil »da sein« – also mehr als nur anwesend sein – alles andere als einfach ist.

Und man darf keine Angst haben, dabei die Rollen zu wechseln, vom Getrösteten zum Tröster und wieder zurück.

Stunden später sind die Zweifel wieder da.

Hätte er Charlotte nicht irgendetwas anderes mitgeben können als seine Stimme? Einen Satz nur, der hängen bleibt. Wenigstens das. Margot hat das doch bei ihm auch geschafft, und Karl.

Mit solchen Gewissensbissen bleibt man verdammt allein. Zum ersten Mal denkt Max darüber nach, wie sich seine Freunde wohl gefühlt haben, als sie ihn zum ersten Mal im Rollstuhl sahen. Er hat ihre Sprachlosigkeit immer vom Tisch gewischt und gedacht, damit wäre die Sache erledigt. Vielleicht saßen auch sie irgendwann daheim, so wie er jetzt, und überlegten, was sie hätten sagen sollen. Das Schlimme ist nur, dass er ihnen nicht hätte helfen können. Niemand kann einem Tröster helfen, der glaubt, versagt zu haben.

Obwohl es dauernd danebengeht, wird über den gescheiterten Trost nicht gesprochen. Ist wohl beiden Seiten peinlich. Zensuren für den Tröster zu vergeben, wäre ein Affront. Den Trost lässt man lieber unbefleckt, wie Glaube, Liebe, Hoffnung. Zu zerbrechlich für die Wirklichkeit.

24.
So eine Leber scheint vernünftiger zu sein als der ganze Mensch.

Beinahe hätte er seine Leber vergessen. Beim Abendessen fällt sie Max ein, seine sträflich vernachlässigte Freundin. Kaum im Bett, legt er die Hand auf den Brustkorb. Wenn ich heute wieder heule, sagt er sich, dann muss an der Sache was dran sein. Wenn nicht, dann eben nicht. – Ohne eindeutige Beweislage ist er jedenfalls nicht bereit, seinem Körper, inklusive Leber, zu trauen.

Nichts passiert. Nur ein winziges Stechen unterhalb der Hand, wie aus Eifersucht. Vielleicht bildet er sich das auch nur ein. Das hat er nun davon. Noch eine Enttäuschung mehr. Er überprüft erneut sein Gemüt wie der Pilot die Instrumente vor dem Abflug. Alles ruhig, keine besonderen Vorkommnisse, weder Euphorie noch Trauer, nur graustichiger Alltag. Ein paar Minuten vergehen, da spürt er, wie Tränenflüssigkeit in seine Augen schießt. Und dann muss er niesen, das kennt er von den letzten Versuchen. Gleichzeitig verstärkt sich das Gefühl, sein Kopf würde auf das Kissen gedrückt. Schon geht die Achterbahnfahrt los, die ihn diesmal bis auf den Pausenhof der Grundschule führt. Nach der Pause müssen die Schüler sich nach Klassen sortiert in Zweierreihen aufstellen. Irgendetwas ist gerade vorgefallen, nur was genau bekommt er nicht zu fassen. Er stöhnt auf. Eine

Träne platzt aus dem rechten Auge auf das Kopfkissen. Die Stimme der Vernunft ruft etwas wie: Aha, jetzt haben wir es also amtlich, das mit der Leber ist keine Einbildung, aber eine andere, viel mächtigere – die eines Süchtigen – antwortet: Halt die Klappe, lass es doch einfach mal laufen, und misch dich nicht immer ein!

Also assoziiert er weiter herum mit »Wut« und »Feind« und »Empörung«, und noch bevor der Begriff sich verdichtet, spürt er, wie ihm das Blut in den Kopf schießt. Aha, es geht dieses Mal also um Scham. Und um Schuldgefühle. Auch das linke Auge fließt über, aber da ist noch mehr. Ein Schrei und gleichzeitig sieht er sich in seinem Kinderzimmer stehen an dem Morgen, als der Hamster verschwunden war. Über Nacht hat er den Käfig aus Nachlässigkeit offen stehen lassen. Unbewusst hat er damit einer sonderbaren Beziehung ein Ende gesetzt, einer, die von Beginn an von Entfremdung gezeichnet war. Während der letzten Monate hatte er ihm das Futter nur noch durch die Gitterstäbe geschüttet. Ihn ansonsten ignoriert, bis er ihn diese Nacht in den Freitod zwang. – Hat er nicht genau so sein Leben lang Beziehungen beendet? Durch Aushungern? Nur ja nicht selbst den Schlussstrich ziehen. Es ist ein Muster in seinem Leben, er erkennt es mit staunendem Entsetzen. Und genauso ist er jahrelang mit seinem Körper umgegangen. Er hat versucht, ihn durch Nichtbeachtung zu strafen, und dabei nur sich selbst getroffen.

Manchmal ist die Wahrheit so simpel, dass es wehtut. Hätte ihm diese Erkenntnis jemand ins Gesicht gesagt, selbst einer mit Karls Autorität, hätte er nur mit Trotz reagiert. So aber schämt er sich höchstens dafür, dass seine Leber mehr weiß als er selbst.

Beim Frühstück in einem Café ist Max schlecht. Er ist nicht einmal bei der Sache, als eine Freundin ihm raunend den ungehemmten Einkauf von Sextoys im Internet beichtet.

Kaum wieder daheim, wird ihm schwindlig. Er übergibt sich und legt sich ins Bett. Ein wenig belustigt, so eine Magen-Darm-Grippe verspricht immerhin etwas Abwechslung zu den sonstigen Gebrechen. Außerdem kann er jetzt einen kitschigen Märchenfilm schauen, ohne jeden Anflug von schlechtem Gewissen. Noch bevor der Prinz auftaucht, ist er eingeschlafen.

Nach fiebrig verbrachten Stunden will er aufstehen, doch es geht nicht. Die Beine sind steif wie Bretter, die Hände eiskalt. Mit der Krücke gelingt es ihm schließlich, den Rollstuhl zu angeln, aber er kommt nicht hoch. Erst beim vierten Versuch wirft er sich wie einen Mehlsack hinein. Seine Hände, was ist nur mit seinen Händen? Er spürt an ihnen kaum etwas, der Rollstuhl lässt sich nicht bewegen, es ist keine Kraft mehr da, für gar nichts.

Ihm ist, als würde er alle Momente, die es ihm im Leben bisher schlecht ging, gleichzeitig durchmachen. Eigentlich müsste er jetzt verzweifeln, aber selbst dafür bringt er keine Kraft auf. Irgendwie gelingt es ihm, an das Telefon zu kommen. Seine Finger rutschen an den Tasten ab, nicht einmal dafür reicht es. Regungslos bleibt er sitzen, die Stirn auf die Schreibtischplatte gesenkt.

Es gibt keinen Trost, denkt er. Ich bin in diesem Körper

verloren gegangen. Das ist mehr, als in einen Abgrund zu schauen. Es ist wie – für alle Ewigkeit auf diesen Abgrund verbannt zu sein.

Die Melodie von *Morgen wird die Sonne wieder scheinen* ist verklungen. Er lauscht und hört nichts. Nur Stille und das Tropfen des Zerfalls. Max ist untröstlich und sehnt sich dennoch nach Trost. Was für ein quälender Widerspruch.

Als seine Schwester kommt, ist er vollauf damit beschäftigt, sich Gründe auszudenken, warum er auf keinen Fall ins Krankenhaus kann.

Nach ihrem Besuch geht es ihm besser. Obwohl sie gar nichts Aufmunterndes gesagt hat. Weder »Du Armer« noch »Heile, heile Segen«. Und dennoch überlegt Max schon wieder, was er an diesem Tag hätte alles machen wollen und wann er dies stattdessen erledigt.

Weiter, nur immer weiter.

In der Küche steht der aufgeklappte Laptop. Ein sanfter Hauch erweckt ihn zum Leben. Vor dem Foto mit dem Starnberger See baut sich das geöffnete Schachprogramm auf. Die Partie gegen den Computer hast du nicht zu Ende gebracht. Die Stellung ist zwar verfahren, aber nicht aussichtslos. Ohne einen Ausfallangriff würde die Maschine den leichten Vorteil wohl in einen Sieg verwandeln. Man könnte aber auch mit dem Turm … Eigentlich ist es nicht gestattet. Doch du schläfst unruhig voller wild durcheinander genommener Tabletten. Das Spiel hast du garantiert vergessen. Nur ein paar Züge, nur bis sich das Blatt wendet …

Auf einmal hat man gewonnen und weiß nicht, wie man das Programm schließt. Verdammt.

Als Max am übernächsten Tag den ausgehungerten Laptop an das Stromkabel anschließt, leuchtet die Schlussstellung auf. Ohne sie sich anzusehen, klickt er sie weg. Er muss sofort raus.

Wie ist das möglich, so selig zu sein, nur weil man wieder über seine Hände verfügt? Weil wieder Kraft in einem ist, es irgendwie weitergeht. Max kann sein Glück kaum fassen. Raus jetzt!

Die ersten, stillen Takte aus einem Streichquartett von Beethoven hallen durch seinen Kopf: der Heilige Dankgesang eines Genesenen, in der lydischen Tonart. – Voller Hochachtung verneigt er sich vor dem tauben Komponisten. Der hat auch als Kranker Anstand bewiesen.

Max bleibt auf dem Bürgersteig vor seinem Lieblingscafé so plötzlich stehen, dass eine Frau mit Kinderwagen gerade noch ausweichen kann. Jetzt hat er es verstanden! Wie ein Blitz ist die Erkenntnis in ihn gefahren: Alles Jammern ist nichts anderes, als eine wenig elegante Form, sich zu trösten. – Warum hat er das noch nie bemerkt?

Was, wenn alle die, die er bislang für Waschlappen gehalten hat, nur besonders gute Tröster ihrer selbst wären? Dafür nehmen sie sogar in Kauf, dass man sie für Spielverderber hält. So jemand wie Sandra: Sie, die seit Jahren über den vor ihr liegenden Arbeitsberg klagt, tröstet sich damit selbst. Oder sein Freund Tom, der tröstet sich mit seiner Schwarzseherei vor dem Schwarzen.

Überall da, wo Max bislang Verzagtheit vermutet hat, steckt Stärke. Sich selbst streicheln, sich selbst eine Hand auf die Schulter legen. Deswegen überhören sie all die guten Ratschläge, weil es gar nicht um die Schlechtheit der Welt oder den Arbeitsberg geht. Es geht auch nicht darum, den Zustand zu verbessern, sondern ihn zu bewahren. Geschickt tarnen sie ihr Trösten mit einer dunklen Farbschicht.

Max ist so begeistert von seiner Beobachtung, dass er den ganzen Vormittag lang nur herumfährt, um Passanten zuzuhören, wie sie sich trösten. Das ihn sonst so störende Gemecker ist nun völlig durchsichtig. Und er erkennt die Sorgen und Sehnsüchte, die sich wie Farne in der Strömung des Lebensflusses biegen.

Die zwei alten Frauen an der Trambahnhaltestelle. Sie monologisieren aneinander vorbei über ihre Krankheiten. Max übersetzt: Ihnen geht es nicht um Heilung. Sie sitzen nicht täglich in hässlich eingerichteten Wartezimmern, um das richtige Medikament zu bekommen, sondern um sich über den Verfall ihres Körpers zu trösten. Deswegen kann der jeweilige Arzt auch immer nur entweder ein Schwätzer oder ein Unkundiger sein, deswegen die zur Schau getragene Unzufriedenheit mit allem, was sie von ihm gesagt bekommen. Deswegen diese Arroganz und gleichzeitig Unterwürfigkeit. Nur deswegen schlagen sie alle vernünftigen Hilfestellungen in den Wind. Es geht nicht um ihre Zipperlein, nicht um den eingeklemmten Nerv, auch nicht ums Gesundwerden. Sie klagen gegen etwas viel Größeres an: gegen den eiskalten, grausamen Tod. Der ihnen ihre Eltern und Männer genommen hat und sich jetzt an sie heranpirscht.

Die Verunsicherung ist so groß, dass man sie wegtrösten muss. Und aus Aberglaube, dass sie noch größer würde, wenn diese Absicht zu deutlich wird, versteckt man sie.

Er nickt den beiden Alten zu und fährt weiter. Nach ein paar Metern hält er es nicht mehr aus. Er muss sich umdrehen, und wirklich, sie lächeln ihm beide nach.

Das also ist die Sprache der Engel.

Das Mädchen dort, es weint doch nicht wegen des zerplatzten Ballons, es tröstet sich über den Verlust hinweg, in der dumpfen Ahnung, dass das ganze Leben eine Aneinanderreihung aus Verlusten sein wird. Sie zu beweinen, wird ihr Leben zusammenhalten.

Auf einmal sind nur die richtigen Menschen um Max. Alle bestätigen seine Gedanken, blinzeln ihm verschwörerisch zu. Die ganze Welt voller Trost. Und, als hätte er es bestellt, legt der italienische Wirt genau im richtigen Moment an der richtigen Stelle eine Hand auf seine Schulter.

Heiliger Trostgesang.

25.
Bei vielen Menschen verhindert Scham selbst den einfachsten Trost.

»Manchmal, wenn meine Kinder spielen, vollkommen versunken, dann werde ich auf einmal ganz ruhig. Da ist alles Kranksein und Sterben so unendlich weit weg. Nicht einmal der Gehstock, den ich wohl bald brauche, kann mich dann mehr erschrecken. Wenn es einen Himmel gibt, dann müsste der so sein, voller Kinder.« Robert lächelt entrückt. »Gestern, nachdem eine Freundin von ihrer Saharareise berichtet hatte, auf der ihr beinahe das Kamel unter dem Hintern weggestohlen worden war, hat mein Sohn aus seinem Zimmer ein kleines Plastikkamel geholt und es ihr geschenkt. Weil sie ja nun keines mehr hätte. Kinder trösten durch Taten, Erwachsene mit Geplapper«, sagt er und greift nach dem Weißbierglas. »Aber das kennst du ja von deinem Neffen inzwischen auch, oder?«

»Und die Väter trösten sich ein paar Jahre später mit ihrer Sekretärin oder dem Alkohol oder beidem«, spinnt Max den Gedanken weiter.

»Frauen und Männer kommen nicht mal beim Trösten zusammen«, sagt Robert.

Wie unterschiedlich die Geschlechter seien, selbst in diesem Punkt, bekäme er als sich um die beiden Kinder kümmernder Vater täglich mit. Von Montag bis Freitag jammerten ihm Frauen auf Spielplätzen die Ohren voll, was die Männer alles nicht für sie täten. Vor allem würden sie nicht kapieren, dass Frauen einfach einmal in den Arm genommen werden wollten, wenn es irgendwelche Probleme gäbe. Von Freitagabend bis Sonntag seien es dann, bei Ausflügen oder einem Bier, die Männer, die sich bei ihm über die dauernden Vorhaltungen ihrer Frauen beschwerten. Dabei würden sie doch immer praktische Vorschläge machen. Aber dann hieße es gleich wieder, sie nähmen ihre Frauen nicht ernst ...

»Wenn ich mich dann aber, mit diesem Hintergrundwissen, bei meiner Frau erkundige, ob ich ihr etwas Gutes tun könne, unterstellt sie mir, das nur zu tun, um mit meinen Kumpels Fußball zu schauen. – Mit Kindern ist es tausendmal einfacher. Die brauchen zwar besonders viel Trost, dafür nehmen sie ihn, im Gegensatz zu ihren Müttern, aber auch bedingungslos an.«

Max nickt. Trotz der vielen Vorlagen weigert er sich, selbst etwas zu dem Thema beizusteuern.

»Wenn ich«, fährt Robert fort, »zu den Kids sage: ›Alles wird gut‹, bekomme ich manchmal ein furchtbar schlechtes Gewissen, denn es wird ja nicht *alles* gut. Oder doch?«

Erwartungsvoll sieht er Max an, als müsste der ihn wenigstens jetzt bestätigen, in seiner Doppelfunktion als Onkel und Trost-Experte. Wieder übergeht Max die Anspielung und sagt stattdessen: »Aber es wirkt. Vielleicht ist genau das der Beweis, dass doch *alles* gut werden kann, sonst würden sie viel früher misstrauisch. Kinder glauben den Erwachsenen im vollkommenen Vertrauen darauf, dass es stimmen muss:

Irgendwann wird alles gut. Getröstetwerden hat ja auch etwas mit Hingabe zu tun. Deswegen wird das Trostspenden in erster Linie von Gott und Eltern erwartet. Selbst der bestgemeinte Trost gedeiht nicht, solange der Boden dafür nicht bereitet ist.«

Robert nickt wie ein schwerhöriger Politiker.

Vielleicht macht es der pastorale Tonfall, trotzdem ist Max erschreckt, wie widerspruchslos ihm seine Predigten abgenommen werden. Dabei traut doch in Wahrheit keiner dem Trost des anderen.

»Wahrscheinlich hast du Recht«, sagt Robert. »Mit Kindern ist es ja auch so, dass man durch ihre bloße Existenz viel mehr Trost bekommt, als man ihnen spendet.«

»Das hat schon Richard Wagner gewusst.«

»Wie kommst du jetzt auf Wagner?«

Ohne sein Einverständnis einzuholen, legt Max die letzte CD einer *Walküre*-Aufnahme ein. Und kommentiert die Handlung parallel wie ein Stadionsprecher, um von dem Pastorentonfall wegzukommen: »Wir sind kurz vor dem Ende des zweiten Teils des *Ring des Nibelungen*. Zwei Frauen sind auf der Flucht vor dem obersten Gott. Wotan verfolgt die beiden voller Ingrimm. Inzest, das geht einfach nicht. Und damit nicht genug, seine Tochter gehorcht seinen Befehlen nicht mehr und flieht ausgerechnet mit der Frau, die mit ihrem Bruder geschlafen hat. Da weiß Sieglinde noch nicht, dass sie schwanger ist. Alles in allem also eine recht chaotische Ausgangslage, wie immer bei Wagner. Brünnhilde weiß jedoch, dass sie die schwermütige Frau nur retten kann, wenn sie ihr frischen Lebensmut einimpft. Und genau deshalb sagt sie ihr das mit der Schwangerschaft. Es wirkt tausendmal besser als erhofft. Robert, pass auf, gleich ist es so weit, gleich bricht es aus Sieglinde heraus: ›O hehrstes Wunder! Herrlichste Maid! Dir Treuen dank' ich heiligen Trost!‹ – Hörst du das, Robert? Kinder sind heiliger Trost. Dieses Motiv kommt nur noch einmal vor, ganz am Schluss bei der Götterdämmerung, wenn im Hintergrund Walhall brennt und die Menschen am Ufer des Rheins stehen. Diese paar Töne. Neun, um genau zu sein, in denen ist alles. Mehr lässt sich mit Musik nicht sagen: heiliger Trost. Es wird weitergehen, nach jedem Brand. Das ist das Geheimnis. Aller Trost ist auf das Ende hin ausgerichtet. Und gleichzeitig auf den Neubeginn.«

»Ganz schön laut, dein Trost«, sagt Robert, »genau wie meine Kinder.«

Ich habe währenddessen nicht auf den Krach aus den Boxen geachtet, sondern auf die Filmsequenz, die immer wieder in deinem Kopf ablief:

Im Flur eines Gasthofs auf dem Land, im Frühling. Dein Neffe, ein Knirps von vielleicht zwei Jahren, fasst in Ermangelung der Hand an deine Krücke. Nach zwei Schritten passt er sich deiner verminderten Geschwindigkeit an. Mehr noch, der Kleine führt dich sacht, nicht umgekehrt. Und bringt durch diese kleine Geste dein Herz dazu, schneller zu schlagen.

26.
Es ist wohl deutlich bequemer, andere zu heilen als sich selbst.

Er könnte nicht benennen, seit wann, aber die Verbindung zu seiner Leber ist abgerissen. Wie eine von der Telekom vergessene Leitung. Er legt die Hand darauf. Und nichts geschieht. Nicht einmal das übliche Niesen, nichts, nur Gemurre und Gezerre unter seinen Händen. Als wäre die Leber zu beschäftigt, um das Kino für ihn anzuwerfen, und das, obwohl er ihr zuliebe seit der Grippeattacke keinen Alkohol trinkt.

Dabei hat er sich von Karl alles genau erklären lassen. Eine einzige Frage nach der Leber löste einen fast einstündigen, alle Organe umfassenden Monolog aus, von dem Max allerdings nur Bruchstücke behalten hat: Im nächsten Schritt solle er eine Niere gedanklich in einen Schuhkarton legen, diagonale Vektoren durch diesen ziehen und schließlich zusammendrücken … Er könnte auch auf einer dreidimensionalen Acht seine Bauchspeicheldrüse nachfahren, bis diese sich zu einer Kugel ausdehne … Alternativ bestände noch die Möglichkeit, das Organ abzuscannen oder Winkel darüberzulegen …

Max kann es sich einfach nicht merken. Kein Puzzlestück passt zum anderen. Alles, was bei Karl völlig selbstverständlich klang, fühlt sich nun morsch an und voller chaotischer Knoten.

Enttäuscht steht er auf und schaltet den Fernseher ein. Auf Arte läuft eine Sendung über den Arzt Paracelsus. Der angeblich behauptet hat, die Liebe sei die wirksamste Arznei. Max schnaubt verächtlich. Die konnten ihn alle mal mit ihrer Liebe. Ihn liebt schließlich auch niemand. – Er muss lachen.

Auf dem Bildschirm laufen begeisterte Alternativ-Ärzte über blühende Wiesen und denken über die Heilkräfte der Natur nach. Gedreht wurde nur bei Sonnenschein. Dauernd ist von Ganzheitlichkeit und Heilung die Rede und der Notwendigkeit, die Zeichen richtig zu deuten. Der Kosmos und die Planeten, alle sollten einbezogen werden. In den Ohren von Max klingt das alles nach weichgespültem Harfengesäusel.

Er befühlt seinen linken Fuß. Der ist kalt wie Marmor. Wie deutet man dieses Zeichen? Sein Kranksein fühlt sich ganz anders an, viel rauer und böiger als im Fernsehen. Das bedeutet dann aber auch, dass die dazugehörige Heilung anders sein müsste. Verschwitzter und härter am Wind. – Stromstöße in Wasserbottichen, so in etwa. Insofern war das mit der Leber ein guter Anfang.

All dieses heraufbeschworene Wissen aus Antike und Mittelalter, zu was hatte es denn noch im 20. Jahrhundert geführt? Dass man Tuberkulose heilen wollte, indem man Sterbende in Kuhställe legte, wie die von ihm so verehrte Schriftstellerin Katherine Mansfield. Und alle Freunde von Paracelsus starben spätestens mit vierzig, trotz Kräuterwickeln und Bio-Schropfköpfen.

Um wenigstens etwas für seine Gesundung zu unternehmen, absolviert Max eine Body-Scan-Meditation. Die dafür notwendige CD wartet seit Monaten auf dem Schreibtisch. Sylvia hat sie ihm kopiert. Body-Scan wäre gerade der letzte Schrei in der Eso-Szene. Und gar nicht schwer. Er bräuchte sich nur auf das konzentrieren, was die Frau mit dem leichten Sprachfehler ihm sagen würde.

Eine Stunde lang fühlt er vom großen Zeh bis zu einem zwei Euro großen Loch in der Schädeldecke alles, worauf sie ihn hinweist. Und nimmt dann, genau wie sie ihm aufträgt, die Zentriertheit mit in den Alltag, genauer gesagt mit in die Küche, wo er aus der Schublade des Küchentischs eine Schmerztablette kramt.

Anschließend setzt er sich noch fünf Minuten vor das Fenster und zählt, wie viele Autos an diesem Abend die Vorfahrt missachten.

Wenigstens die Schmerztablette verschafft dir für eine Nacht Frieden. Schade nur, dass du beim Wühlen in der Schublade nicht auf die Tablettendose aus der Spezialklinik gestoßen bist ...

Trotz aller Rückschläge missioniert Max weiter. Je weniger es bei ihm klappt mit der Leber, desto hartnäckiger wünscht er sich, es würde wenigstens bei seinen Freunden funktionieren. Doch alle Versuche, jemand mit der eigenen Leber in Kontakt zu bringen, schlagen fehl.

Sandra sagt erst zu und entschuldigt sich dann mit unterschiedlichen Ausreden. Zunächst geht es nicht, weil ihr Sohn schon zwei Nächte nicht geschlafen hat, dann steht eine Konferenz an, und schließlich muss sie sich um ihre Mutter kümmern ... Max spürt, dass sie Angst hat, an etwas zu rühren. Schlafende Geister zu wecken könnte unabsehbare Folgen für das eigene Weltbild haben. Besser man ignorierte die Leber, bevor man etwas Unerwünschtes von ihr erführe.

Gitta, die vor Jahren beinahe an ihrer Leberkrankheit gestorben wäre, verspricht ihm, es einmal zu probieren. Sie könne nichts mehr schrecken, nach dem, was sie auf der Intensivstation mitgemacht hätte. Ihre Leber und sie hätten keine Geheimnisse mehr voreinander. Eine Woche später schreibt sie ihm kleinlaut, dass sie es immer noch nicht getan hätte, aus einer ihr unerklärlichen Panik.

Auf einmal kommt Max sich schmutzig vor: Das bin nicht ich. Ich, der Möchtegern-Paracelsus, der Leber-Prophet aus dem Westend – das sind nicht meine Worte, nicht meine Sprache, nicht meine Gedanken. Er fühlt sich, als plapperte er nur etwas nach. Dabei nervt ihn selbst in Heilungsfragen nichts mehr als Geschnatter.

Tom ist der Einzige, der spontan zugibt, für einen direkten Kontakt mit seiner Leber viel zu labil zu sein. Dafür ist Max ihm dankbar. Unmittelbar nach dieser Absage fragt er sich, was wohl passieren würde, wenn er für eine begrenzte Zeitspanne wirklich die Gabe hätte zu heilen? Vielleicht nur für vierundzwanzig Stunden, während der er alles richten könnte: körperliches wie seelisches Leid, einfach alles. Einzige Bedingung: Der- oder diejenige müsste sich von ihm die Hand auflegen lassen. Wäre ja eigentlich nicht viel verlangt. Trotzdem würde er nach seinen Lebermissions-Erfahrungen wahrscheinlich keinen einzigen Delinquenten finden, zumindest nicht unter seinen kleinmütigen Freunden. Aber er könnte ja auch nicht einfach so in das nächstbeste Krankenhaus fahren und sich an irgendein Bett setzen. Die Krücken, noch mehr aber der Rollstuhl, würden seine Glaubwürdigkeit untergraben.

Seine Gabe bliebe höchstwahrscheinlich ungenutzt. Auch einen Ruf als Wundertätiger muss man sich anscheinend hart erarbeiten. Hat man ihn dann einmal, ist es seltsamerweise fast egal, ob man wirklich heilen kann.

Es wundert mich mittlerweile nicht mehr, dass du bei solchen Gedankenexperimenten nicht einmal auf die Idee kommst, dich während der vierundzwanzig Stunden wenigstens selbst zu heilen. Es ist wie bei der Geschichte mit der Beterei am Abend, da kommst du vor lauter Sorge um die Tengelmann-Verkäuferin auch nicht mehr vor ... – Andererseits würde mir ein Mensch, der als Erstes immer an sich denkt, auch nicht gefallen.

27.
Manchmal ist die Lösung furchtbar simpel: Trost ist, eine Geschichte erzählt zu bekommen.

Max spürt, dass er sich in eine Sackgasse gebetet hat.

Seitdem er großzügig Zufallsbegegnungen in sein Abendgebet einbaut, bekommt es mehr und mehr den Charakter eines nicht enden wollenden Jahresrückblicks im Fernsehen. Auf die Fremden folgen die Freunde mit ihren kleinen und größeren Leiden. Immer ist irgendwas, kein Tag, an dem er nicht noch jemand ins Programm nehmen muss. Mal ist es Sandras schwerkranke Mutter, mal der von seinem Freund verlassene Andreas. Und nun sind auch noch die Toten dazugekommen. Wie konnte er die bislang nur vergessen? Um deren Heil muss man sich doch besonders kümmern, wo sie selbst es nicht mehr können.

Aus Zeitnot kürzt er von Tag zu Tag mehr ab, die konkreten Bitten verwandeln sich in allgemein gehaltene Besserungswünsche. Recht pauschal betet er nun nur noch darum, dass sich alle irgendwie gut durch den Tag wursschteln mögen. Es möge einfach *allen* gut gehen. Dabei lässt er sowohl offen, wer damit gemeint ist, als auch, was »gut« eigentlich bedeuten soll.

Auch mit dem Vaterunser hat er erneut Schwierigkeiten. Obwohl er es nun flüssig herunterschnurren kann, stockt er, weil ihm erst jetzt auffällt, dass es mit Imperativen gespickt ist: Tu dies, tu das, lieber Gott, erlöse uns, führe uns nicht in Versuchung ... – keine einzige Bitte, kein vielleicht, kein: Du könntest doch mal ... Er würde sich an seiner Stelle diesen Ton verbitten, sich zumindest stumm stellen.

Max, der noch nie über das Erdgeschoss hinausgekommen ist, weiß nicht, dass das Bett der Nachbarin genau über ihm steht. Während er betet, denkt sie über ihn nach. Nicht direkt über ihn, eher über eine Äußerung, die sie aufgeschnappt hat. Max saß, die Krücken auf dem Schoß, mit einem hageren Freund vor dem Haus, beide auf Klappstühlen. Anscheinend hatten sie sich über seine Krankheit unterhalten, denn Max sagte: »Das will ich gar nicht so genau wissen.«

Sie versteht das nicht. Gerade in seiner Situation, da würde sie doch alles wissen wollen, was es gibt. Kein Forschungsergebnis, keine einzige Studie würde sie sich entgehen lassen.

Ihrer Schwester soll am nächsten Tag die Halsschlagader erweitert werden. Sie muss sich ganz genau vorsagen, wie der Oberarzt den Eingriff erklärt hat, sonst wird ihr schlecht. Je genauer, desto besser. Es lindert ihre Aufregung, wenn sie sogar seine Worte verwendet. Wie ein Bannspruch. Nur ein Restrisiko bliebe von zwei Prozent. Solche Zahlen trösten sie. Wie kann man so etwas in den Wind schlagen? Schon die Diagnose hat sie beruhigt, mehr noch als ihre Schwester selbst. Dass deren diffuse Schmerzen, ihre Angstattacken, die auf sie übergesprungen waren, endlich einen Namen bekommen hatten. Nun kann man dagegen vorgehen, etwas unternehmen. Allein aus diesem Grund muss man alles erfahren, alles wissen.

Man könnte meinen, dass sich die Menschen, wenigstens wenn es um ihr Glück geht, auf eine allgemeingültige Formel einigen könnten. Zumindest mir würde das die Aufgabe erleichtern. Aber nein, sie bevorzugen auch in diesem Fall das Widersprüchliche. Lieber beharrt jeder auf eine Sonderbehandlung – und möchte doch gleichzeitig die anderen überzeugen, dass der eigene Weg der erfolgversprechendste wäre.

Was tröstet dich?
Es ist eine hinterhältige Frage. So viel hat Max inzwischen herausgefunden. Auf die erste Antwort ist nicht viel zu geben. Er nickt sie ab und wartet auf die zweite. Zunächst kommt nämlich meist nur Unverständnis oder im Idealfall ein vages Poesiealbum-Gestopsel. Die Gerissenen unter seinen Gesprächspartnern versuchen, ihn mit Plattitüden ruhigzustellen: Dass mich jemand in den Arm nimmt, ist für mich Trost. – So etwas.

Doch selbst die Totalverweigerer haben ihm später bestätigt, dass sie von der Frage so schnell nicht loskamen. Und dass es dazu viel mehr zu sagen gebe, als man sagen könne.

Seine Erkundigungen haben Max die Mail-Bekanntschaft mit einem Kaplan eingebracht. Die recht unbestimmten Fragen: »Was tröstet dich, und wie tröstest du?« haben bei ihm einen Strom an Überlegungen ausgelöst, der sich nun in immer neuen Mails entlädt. Max kommt mit dem Ausdrucken gar nicht hinterher.

Ihm täte es gut, schreibt der Kaplan in der ersten, einmal darüber nachzudenken, was er eigentlich tue, wenn trauernde Menschen vor ihm sitzen, in der unübersehbaren Hoffnung, dass er sie wieder aufrichtet, zumindest stützt.

Zunächst galt es für ihn zu akzeptieren, dass es ihre Trauer ist. Nicht sein Vater war gestorben, sondern der des Mannes ihm gegenüber. Übereifer brachte nichts. Selbst das Mitleiden hat seine Grenzen. Das war eine bittere, aber auch befreiende Lektion.

Als Nächstes musste er lernen, dass die vielen Arten zu trauern, verwirrend unterschiedlich sind: Manche weinen, manche wollen alles begründet haben, und manche fangen bei einer Todesnachricht erst einmal an, ein Spiegelei zu braten.

Allen Trauernden gemein ist nur eines: Selbst die härtesten Knochen sind verletzlich wie sonst nie. Viel mehr, als sie je zugeben würden. Oft können sie nicht mehr beurteilen, was ihnen guttut und was nicht. – Max stockt beim Lesen, er fühlt sich ertappt: Weiß er eigentlich, was ihm guttut? Ganz selbstverständlich ist er die letzten Jahre davon ausgegangen, dass alles, was er sich antut, ihm zumindest nicht schaden würde. Vielleicht hat das gar nicht gestimmt. Wahrscheinlich ist er sich selbst ein miserabler Tröster und noch schlechterer Aufpasser gewesen. Dennoch hat er den Eindruck, dass sich in letzter Zeit etwas verändert hat. Manchmal ertappt er sich bei einer neuen Milde gegenüber dem eigenen Körper. Beim Gehen feuert er manchmal seine Beine an wie ein Motivationstrainer. Er hat sogar, völlig überfordert vom Angebot, in einer Drogerie eine Creme für seine geschundenen Füße erworben, und das als Mann! Wenn er sie aufträgt, dann mit einem fast schon heiligen Ernst.

Die angelesene Mail steckt er zu den anderen in eine Klarsichthülle. So viel sanft säuselnde Einfühlung erträgt er im Moment nicht. Heute möchte er sich mit Ignoranz trösten, mit Härte. Wie seine ehemalige Professorin. Sie ist bei seiner Umfrage die Einzige gewesen, die auch nach einigen Wochen Bedenkzeit Trost kategorisch ablehnte.

»Mich tröstet wirklich nichts«, schrieb sie. »Wenn ich an das denke, wo ich des Trostes bedürfte, kann ich nur verzweifeln. Das ist immer der Tod von vielen Menschen, die ich einmal kannte, von Leid, das einen ja auch selbst noch erwartet. Und deshalb denke ich an diese Sachen nicht. Summa summarum könnte man sagen: Trostbedürftig wäre ich unentwegt, aber ich kapituliere und bleibe an der Oberfläche des Denk- und Machbaren, weil ich sonst nur auf Notlösungen kommen könnte, um nicht zu sagen: Notlügen.«

Die frohe Botschaft des Kaplans vor Augen, glaubt Max ihr nicht mehr, fast gegen seinen Willen. Wie meinte der? Auch die harten Knochen möchten sich im Grunde nur vor ihrer eigenen Verletzlichkeit schützen ... Außerdem hat Max nichts gegen Notlügen. Der Zweck heiligt beim Trösten alle Mittel. Oder etwa nicht?

Wenn er die Antworten des Kaplans und der Professorin nebeneinanderlegt, kommt heraus, dass jeder Mensch die Grenzen der eigenen Tröstbarkeit selbst festlegt. Dieser Gedanke beruhigt Max.

Schließlich zieht er die Kaplan-Mail wieder aus der Plastikhülle und liest sie zu Ende. Nun ist er sogar bereit, sich eine Predigt anzuhören, und mehr als das, sie anzunehmen.

»Und ich glaube, dass kein Mensch vollständigen Trost

schaffen kann. Er kann bis zu einem bestimmten Punkt begleiten, dabei sein – aber irgendwann ist es auch uns verwehrt, können wir nicht mehr weitergehen. Aber Gott kann uns bis in diese tiefste Ebene hineinbegleiten. Das ist mein Vertrauen: Und wenn wir Menschen beim Trösten versuchen zu begleiten, dann geben wir eine Ahnung davon, wie Gott uns trösten will und kann.«

Noch bevor er aus lauter Gefühlsduselei zu beten beginnen kann, klingelt ihn Sylvia aus der Versenkung. Sie müsse sofort mit ihm über gestern reden.

Max weiß schon, was sie meint: »Lief wohl nicht so gut, oder?«

Sylvia rollt mit den Augen.

»Weißt du, was mich am meisten geärgert hat? Ich räume auf, putze und koche, und am Ende bedankt sich das Schwein nicht bei mir, sondern bei meiner Mitbewohnerin. Nur weil die mehr Busen hat.«

Am Vorabend hat Sylvia zu einem Gruppen-Healing in ihrer Küche eingeladen, ausschließlich Frauen. Das war die Bedingung des Heilers. Deswegen hatte sie Max wieder ausladen müssen.

Am Ende erschienen allerdings nur ihre Mitbewohnerin, sie und noch eine Freundin. Und natürlich der Schweizer Heiler, zu dessen Spezialitäten die Veredlung von Weinen und die Reinigung von energetisch verseuchten Häusern gehören. Auch Musikinstrumenten kann er einen besseren Klang verschaffen. Das müsste doch eigentlich Tausende mobilisieren, hatte Sylvia geglaubt.

»Aber es ist immer das Gleiche. Erst wollen alle geheilt

werden, und wenn es dann ernst wird, ziehen sie den Schwanz ein.«

Zur Bestätigung erzählt Max von seinen erfolglosen Versuchen, jemand für die eigene Leber zu interessieren.

»Du und deine Leber«, sagt Sylvia, ohne weiter darauf einzugehen.

Eine karmische Verbindung hätten sie zu viert gehabt, habe der Heiler erklärt. Auch für ihn wäre das eine Premiere, in der Gruppe. Wenn es klappen würde, könnte er es in sein Portfolio aufnehmen. Nach dem Begrüßungsblabla sollten sie die Augen schließen. Sylvia hat dennoch beobachtet, was er so treiben würde.

»Und, hat er an deiner Mitbewohnerin herumgefummelt?«, unterbricht Max.

»Eigentlich fummelte er nur in der Luft herum. So in etwa! – Immerhin gab es danach eine gute Suppe. Die ich im Schweiße meines Angesichts gemacht habe.«

Die Mitbewohnerin erklärte beim Nachtisch, ihr sei während des Healings so gewesen, als wäre ein schwerer Mantel von ihr abgefallen. Sofort pflichtete der Heiler bei. Er hätte ebenfalls das Bild eines Mantels vor Augen gehabt. Die andere Freundin gestand, eine starke Aggression in sich verspürt zu haben. Und Sylvia?

»Mir war einmal so, als ob mein kleiner Zeh gezuckt hätte.«

»Es ist doch komisch«, sagt Max, »dass man sogar ein schlechtes Gewissen hat, wenn man nichts fühlt. Als ob man seine Hausaufgaben vergessen hätte. Macht das der Gruppenzwang oder die enttäuschte Hoffnung? Selbst wenn man nicht an so etwas glaubt, sucht man beim Scheitern die Schuld erst einmal bei sich.«

»Bei uns war es das alte Lied: Wer bekommt die Aufmerksamkeit des Mannes? Der hat mit uns gespielt. Du glaubst gar nicht, wie sauer ich war, als er dann die Hände von meiner Mitbewohnerin nimmt, ihr in die Augen schaut, ungefähr so, und dann mit diesem unwiderstehlichen Schweizer Akzent sagt: ›Danke. Für alles.‹ Und beim Gehen noch mal, immer zu ihr! Aber da waren wir komplett besoffen. Zu Beginn hat er sich noch zusammengenommen und war ganz zart, so wie man sich einen Heiler vorstellt. Nach der dritten Flasche Wein hat er allerdings so unglaublich blöde Witze gemacht, dass die ganze Heiligkeit flöten ging.«

Irgendetwas an Sylvias Empörung ist nicht gespielt. Darunter spürt Max etwas anderes, Positives. Nur was?

Sylvia reißt ihn aus seinen Gedanken und sagt: »Du hast mich doch letztens gefragt, was mich trösten würde. Ganz durch bin ich damit noch nicht. Aber als vorläufige Antwort ist mir in der Healing-Runde etwas eingefallen: Mich tröstet, dass wir alle einen an der Klatsche haben. Wenn man so durch die Straßen geht, meint man, alle wären normal. Aber wenn du dann genauer hinschaust, spinnen alle. Wie ich. Oder meine Mitbewohnerin, oder der Heiler. Oder du. Von außen siehst du nichts, und dann! Peng, der Wahnsinn!«

Max überlegt ein paar Augenblicke, bevor er ihr entgegnet: »Mir geht es manchmal genau umgekehrt. Ich denke, wenn ich glückliche, Händchen haltende Paare sehe: Wie tröstlich, dass es so etwas wie Normalität gibt. Sie haben genug Geld, mögen sich leidlich, aber auch nicht zu leidenschaftlich, gehen gemeinsam shoppen und zum Friseur, wenn die Haare zu lang werden. Aber wer weiß schon. Vielleicht trösten mich nur die Geschichten, die ich mir selbst über sie erzähle. Wahrscheinlich sind es immer nur Geschichten. Nur wer über das Happyend hinaus denkt, ist für den Trost verloren.«

28.
Ein Handschlag kann mehr Wunder bewirken als ein Heiliger in seinem ganzen Leben.

Das Qi-Gong-Buch hat ihm vor Jahren jemand zum Geburtstag geschenkt, wahrscheinlich mit der Versicherung, dass nur Qi-Gong ihn retten würde. Wer war das nur? – Trotz angestrengten Nachdenkens fällt es Max nicht ein. Egal. Nach Tai Chi und Yoga fehlt ihm das noch in seiner Asia-Sammlung.

Das Buch hat er seitdem mehrmals nach wenigen Seiten weggelegt. Bis er beim Herumsurfen herausfand, dass der vom Cover lächelnde chinesische Meister Seminare vor den Toren Münchens gab. Die sechs heilenden Laute standen auf dem Programm für einen Kurs zum Einstieg in die Karwoche. Wie passend, dachte Max. Zumal er Ostern als Wendepunkt ausgerufen hatte. Danach würde er wieder mal ein durch und durch körperbewusstes Leben beginnen.

Zur Vorbereitung nimmt er sich das mit vielen bunten Fotos ausgestattete Bilderbuch noch einmal vor. Herausgebracht hat es ein Verlag für Unterhaltungsliteratur, und entsprechend reißerisch ist es gestaltet. Von der Überschrift an wird das blaue Glück vom Himmel herunter versprochen. Und der Weg dahin ist mit Anekdötchen, Gute-Nacht-Geschichten vom schlauen Buddha und schlichten Übungen ausgelegt. Doch die Rezepte klingen zu einfach, um glaubhaft zu sein: Ein kleines Lächeln würde genügen für einen geglückten Tag ... einmal mit der Hand über die Nasenspitze gewischt, schon soll ein wohliges Gefühl durch den ganzen Körper rieseln ... nach einer Tasse ungenießbaren Kräutertees lacht die Sonne vom Himmel ... Nein, auf so etwas will Max nicht mehr hereinfallen. So einfach kriegen die ihn nicht. Und immer diese schrägen Bezeichnungen für die Übungen: hinkender Drache bei Sonnenuntergang oder dergleichen. Eine Lotus-Blüte würde er nicht einmal erkennen, wenn man sie ihm direkt unter die Nase hält. – Dennoch blättert er das Buch von vorne bis hinten durch, in dergleichen Gemütsverfassung, in der er hin und wieder mit seiner Schwester einen Rosamunde-Pilcher-Film im Fernsehen anschaut.

So vorbereitet steigt er am Montag vor Ostern in die S-Bahn und fährt Richtung Osten, mit einem Rucksack voller Vorurteile und einem Paar warmer Socken.

Das Seminar findet im ersten Stock eines Bio-Hofes statt, über den Schafen und einem Lebensmittelladen. Als er mitsamt Rollstuhl von drei Männern hochgeschleppt wird, erinnert ihn das wieder einmal an seine liebste Bibel-Heilungsgeschichte: wie die vier Männer den Lahmen auf einer Bahre durch ein Loch im Dach herablassen. Auch die Helfer von Max strahlen eine irritierende Zuversicht aus. Auch sie stellen keine Fragen. Seine bloße Anwesenheit bedeutet ihnen hinreichend Heilsbedürftigkeit.

Im Seminarraum, geschmackvoll mit fernöstlichem Nippes ausgestattet, trägt jeder Filzpantoffeln, was dem Ganzen die Atmosphäre eines Wellnessbereichs gibt. Nachdem alle ihre Meditationskissen auf den Matten zurechtgezupft haben, ebben die Gespräche ab. Eine gottesdienstähnliche Stille breitet sich aus. Nach einer Kunstpause erscheint der Meister durch den Mittelgang. Ganz in Chinesenschwarz. Hinter ihm seine Frau mit gesenktem Kopf. Beide erklimmen das Podest und setzen sich auf zwei Thronsessel. Der Meister schweigt.

Unvermittelt beginnt er zu sprechen: leise und nur mit wenigen Lauten. Seine Frau übersetzt in ein makelloses Deutsch. Max ist überrumpelt. Noch nie hat er an einem Seminar teilgenommen, das ohne Begrüßung und ausführliche Inhaltsangabe beginnt.

Die heilenden Laute fordern rasch seine ganze Aufmerksamkeit. Sich gleichzeitig auf den Atem zu konzentrieren, auf die Organe und auf sich verschlungen durch den Körper windende Meridiane, von der großen Zehe bis in den Himmel, scheint ein Ding der Unmöglichkeit. Dazu noch komplizierte Choreografien mit beiden Armen, die Hände mal ein, mal ausgedreht. Er kann sie nicht einmal behalten, während der Meister sie vormacht. Dennoch tut Max so gut als eben möglich mit und fühlt sich für den Rest durch den Rollstuhl ausreichend entschuldigt.

In der ersten Pause spricht ihn eine Schweizerin an. Woher er käme und warum der Rollstuhl, aber diese Fragen dienen nur der Auflockerung. Dann weiht sie ihn in ihre eigene Kranken- und Heilungsgeschichte ein. Sie stamme aus dem Toggenburg und reise dem Meister schon seit Jahren nach. Auch sie habe einst kaum mehr laufen können, ebenfalls eine Nervengeschichte. Und entdeckte dann Qi-Gong und den Meister. Sie lobt dessen Klarheit, die Einfachheit seiner Anweisungen, ohne dass Max ihr widerspricht. Seit zwanzig Jahren übe sie nun täglich von vier Uhr morgens bis um acht. Tag für Tag. Sie sagt es mit einem beseelten Lächeln. Dann ruft ein Gong alle Pantoffelträger in den Seminarraum zurück.

Max bleibt noch einige Augenblicke stehen, um seinen Tee auszutrinken. Irgendetwas ist hier anders als sonst, auch bei dem Gespräch eben, er kommt nur nicht darauf, was.

Bei dem dritten heilenden Laut, der für ihn genauso klingt wie der erste, verliert er die Orientierung. Atmet aber tapfer weiter, auch gegen den Strom, immer wieder aufgemuntert durch ein Lächeln der Toggenburgerin.

In der nächsten Pause kommt, als hätten sie sich abgesprochen, Inge auf ihn zugesegelt, jüngst mit ihrem Mann von Berlin an den Chiemsee gezogen, um dem Meister nahe zu sein. Auch sie, früher Physiotherapeutin, heute nur noch Qi-Gong-Jüngerin, ist sich sicher: Ihm könne geholfen werden, das bisschen Rollstuhl ließe sich wegüben. Wenn er irgendetwas bräuchte, solle er sich melden. Fünf, sechs Stunden täglich müsse er üben, wie sie, dann ... Max nickt.

Mit zwei Sätzen fängt sie ihn schließlich ein: »Du musst dich selbst heilen. Aber davor musst du nachschauen, ob noch genug Liebe zu dir da ist.«

Etwas Ähnliches hat doch auch Karl gemeint, oder nicht? – Schon ruft der Gong wieder in den Seminarraum.

Stundenlang lässt Max auf des Meisters Geheiß das Qi in seinem Körper kreisen. Um dann, am Ende des ersten Seminartages, für einige Atemzüge eine vage Ahnung zu haben, eine körperliche Vorstellung, was das sein könnte.

Der Meister selbst hält sich bei der Bekehrung von Max vollkommen heraus. Wie auch Jesus seine Hauptaufmerksamkeit nicht auf den Lahmen richtet, sondern auf das Volk und die anwesenden Hohepriester. Seine Anweisungen sind klar, aber nie persönlich. Bis er auf einmal, am späten Nachmittag, über den Tod spricht.

»Es gibt so viele Vorstellungen, was nach dem Tod sein könnte. Die Christen haben ihren Himmel, die Buddhisten das Nirwana. Jeder will woandershin. Ich weiß nicht, welchen Ort ich mir aussuchen würde. Jetzt eine Entscheidung zu treffen, ist viel zu früh. Aber wenn es so weit ist, möchte ich so weit sein, selbst zu bestimmen, wohin ich gehe.«

Einige seiner Schüler lassen den Block sinken, überfordert von seiner Radikalität. Der Meister lächelt, dieses Mal sehr breit, und fährt fort: »Aber noch ist es nicht so weit. Noch sind wir hier, in diesem Raum. Statt also Zeit damit zu verschwenden, über Geister nachzudenken, ob es sie nun gibt oder nicht, oder ob es einen Gott gibt oder mehrere oder keinen, sollte man sich auf die Suche nach ihnen machen.«

Dann steht er auf, faltet die Hände und verbeugt sich leicht. Durch den Mittelgang verlässt er den Raum wie ein Priester. Erst als er weg ist, folgen ihm die Schüler.

Auf dem Weg zur S-Bahn schließt sich Max die dritte für ihn abgestellte Schülerin an, eine Feldenkrais-Lehrerin aus Frankfurt, die schon seit zwanzig Jahren auf des Meisters Spuren wallfahrtet.

Zum dritten Mal an diesem Tag wird ihm versichert, dass

er mit den Übungen alles wegbekommen würde. Er müsste nur üben, üben, üben, am besten vierundzwanzig Stunden täglich. Und dann erzählt sie ihm frohgemut von zahlreichen, von ihr beglaubigten Heilungen.

So viele Erfolgsgeschichten sind noch nie an einem Tag an ihn herangetragen worden. Am liebsten würde Max einen Bus chartern und die ganze Bagage zur Spezialklinik am Chiemsee karren, um dort ein wenig Zuversicht zu verbreiten. Erst in diesem Augenblick fällt ihm auf, dass er bis gerade eben den ganzen Tag ohne Häme und Spott ausgekommen ist. Und das, obwohl alles so fremd für ihn war. Um sich selbst nicht untreu zu werden, ruft er am Abend Tom an und erzählt ihm so eindringlich von Inge & Co., bis dieser hustend anfängt zu lachen.

Am zweiten Tag fühlt er sich bereits wie ein alter Hase und gibt den Männern, die ihn dieses Mal hinauftragen, fachmännisch Ratschläge. (Der Wecker hatte um sechs geklingelt, damit er vor der Abfahrt noch eine Stunde üben konnte.) Die Pausen verkürzt ihm eine Frau aus Rosenheim, auch sie durch stetiges Üben von ihrer gemeinsamen Krankheit geheilt.

Kurz vor Ende des Seminars lässt der Meister im Stehen alle sechs heilenden Laute hintereinander weg üben. Der sitzende Max tut erst eifrig mit, bis seine Gedanken abschweifen. Und nach einer halben Stunde regt sich die wohlvertraute Verstocktheit, sein Widerstandsgeist ist erwacht: Er überlegt, ob der Meister nicht doch Deutsch sprechen könnte und dies nur aus Angst vor seinen redseligen Schülerinnen nicht zugibt. Nimmt er mit seinen kleinen Schlitzaugen überhaupt wahr, wer da im Publikum sitzt? Wahrscheinlich ist es ihm komplett egal. Kein einziges Mal hat er sich eingemischt, etwas korrigiert. Ist er überhaupt anwesend?

Plötzlich ist das Seminar zu Ende.

Der Meister verbeugt sich wieder. Lang anhaltender Applaus brandet auf. Er steigt von dem Podest und schreitet gemessenen Schrittes im Mittelgang gen Ausgang. Doch plötzlich geschieht etwas vollkommen Unerwartetes. Er ändert die Richtung und zwängt sich durch die überrascht aufstehenden Schüler nach hinten. Einige halten im Zusammenpacken inne und starren ihn an. Schließlich bleibt der Meister vor Max stehen und schüttelt ihm wortlos die Hand. Dann geht er weiter. Die Schülerinnen sind erstarrt. Teils entzückt, teils eifersüchtig nicken sie dem Rollstuhlfahrer zu.

Max fühlt sich ertappt.

Manchmal reicht ein einfacher Handschlag für eine Heilung aus. *Der Mann stand sofort auf, nahm seine Tragbahre und ging vor aller Augen weg. Da gerieten alle außer sich; sie priesen Gott und sagten: So etwas haben wir noch nie gesehen.*

29.
Bestimmte Menschen sehen den Trost vor lauter Tröstungen nicht.

»Du bekommst immer mehr etwas von einem Eremiten, so eine stille Weisheit. Fast etwas Mönchisches.« Sandra lächelt vieldeutig. Es klingt nach einem vergifteten Kompliment. Ist das die Revanche wegen der Blamage in Sachen Leber? Auf Max wirkt ihre Beobachtung jedenfalls genauso schmeichelhaft wie verletzend. Die darin mitschwingende Unterstellung, er wäre einsam, passt ihm nicht.

Sandra merkt, dass sie über das Ziel hinausgeschossen ist, und sagt: »Ein bisschen mehr könntest du dich manchmal über dein Schicksal beklagen. Jammer doch mal, sonst wächst dir am Ende ein Heiligenschein! Und der passt weder zu deinem Dreitagebart noch zu dem Designersofa.« Sie klopft mit der Handfläche auf das Kissen.

Max grinst schweigend. Inzwischen nur geschmeichelt.

»Wie soll ich jammern, wenn du da bist?«

Sandra verdreht die Augen.

Als sie gegangen ist, kramt er ein orangefarbenes Reclam-Heft aus dem Bücherregal. Anhand der Benediktsregel möchte er herausfinden, ob er wirklich wie ein Mönch lebt. Abgesehen von der unfreiwilligen Keuschheit.

Die meisten Forderungen, die der heilige Gründer des nach ihm benannten Ordens aufgestellt hat, leuchten Max spontan ein. Schon allein deshalb, weil sie längst in den Grundwortschatz des zivilisierten Zusammenlebens eingegangen sind. Anderes befremdet ihn: die Gnadenlosigkeit und das Einfordern eines radikalen Gehorsams. Die Rigorosität hat allerdings auch etwas Beruhigendes. Wer Verbote mit einer solchen Vehemenz ausspricht, weiß um deren Uneinhaltbarkeit. Ansonsten könnte man sie ja auch als Bitte formulieren. Da heißt es beispielsweise: »Keiner darf im Kloster dem Willen seines eigenen Herzens folgen.« – Die Wehmut ist für Max unüberhörbar. Und gleichzeitig das Wissen um die Vergeblichkeit dieses Gebots. Das Herz tut doch eh, was es will! Das wusste Benedikt sicher ebenso gut. (Außerdem passt es nicht zusammen mit der wenig später aufgestellten Forderung, von der Liebe nie zu lassen.)

Unmittelbar auf das Klosterliebesverbot folgt eine dreiseitige Aufzählung sehr knapp gehaltener Maximen zur Lebensführung für Mönche. Max nimmt einen Bleistift in die Hand und hakt alles ab, was er für sein Leben unterschreiben kann, gespannt, ob er den Kloster-Test bestehen wird.

Die ersten Regeln orientieren sich locker an den Zehn Geboten, da kann er bedenkenlos Haken dahintersetzen. Erst bei der Forderung »Den Leib in Zucht nehmen« zögert er. Gilt für ihn nicht genau das Gegenteil? Er streicht den Satz durch und schreibt daneben: »Sich nicht vom Leib in Zucht nehmen lassen.« Und hakt ihn ab.

Nackte bekleiden, Kranke besuchen, Tote begraben und die Trauernden trösten, überall uneingeschränkt: ja klar. Aber soll er sich wirklich dem Treiben der Welt entziehen? Er könnte vielleicht, aber er will es nicht. Im Gegenteil, seine größte Angst ist doch gerade, dass die Welt ihm entzogen wird.

Ein Blick auf die vielen Haken bestätigt zunächst Sandras Vermutung. Er ist bereits ein Mönch ohne Kloster, auf Wanderschaft vielleicht. Nein, das stimmt so nicht. Korrekter müsste es heißen: Mein Körper ist bereits ein Benediktinerkloster.

Dann zählt er zusammen. Bei einer realen Aufnahmeprüfung wäre er wahrscheinlich durchgefallen. Vierzehn von vierundsiebzig Regeln könnte er beim besten Willen nicht unterschreiben, das wäre – zumindest wenn Benedikt in der Jury säße – wahrscheinlich zu viel. Bei den anderen fiel ihm ein »Ja« größtenteils leicht. Und einige Regeln sind wohl absichtlich so formuliert, als ob Schummeln erlaubt wäre.

Alles in allem zufrieden mit dem Ergebnis, räumt er das Büchlein zurück ins Regal.

Das wärst du wohl gerne: ein Eremit mit bester Verkehrsanbindung in alle Theater der Stadt. Ein Einsiedler mit einem kaum überschaubaren Freundeskreis. Widersprüche liegen dir bekanntermaßen. – Vor zwei Wochen hast du, zur Erinnerung, deinen Körper noch als Kerker bezeichnet. Nun als Kloster. Redest du dir die Lage absichtlich schön? Wobei du nicht der Einzige bist, der sich dieses Tricks bedient: *Der Zweck heiligt beim Trösten alle Mittel.* Wer möchte dem widersprechen?

Wie gut nur, dass du das orangefarbene Heftchen auf die anderen Bücher im Regal gelegt hast. Das erleichtert mir das Lesen, während du schläfst.

Wenn du weitergeblättert hättest, nur zehn Seiten nach dem abgehakten Fragebogen, wärst du vielleicht auf folgenden Satz gestoßen:
»Und wenn die Engel, die uns zugewiesen sind, täglich bei Tag und bei Nacht dem Herrn über unsere Taten und Werke berichten, dann Brüder, müssen wir uns zu jeder Stunde in Acht nehmen ...«
Wahrscheinlicher ist jedoch, dass du die Stelle überlesen hättest.

Am nächsten Tag ist die Alte Pinakothek an der Reihe. Auf den Breitwand-Schinken will er diese eine, universal gültige Geste des Trostes finden, nach der er sich zunehmend sehnt. Ein Bild, vor dem man gebannt stehen bleibt und erlöst weitergeht. Tom hat angeboten mitzukommen. Er ist inzwischen auch angestachelt von der Trostjagd. Außerdem hat er in einem anderen Jahrtausend mal Kunstgeschichte belegt, zumindest im Nebenfach.
Raus aus der Krankheit, rein in die Kunst.
Max ist den Fußballern der Nationalmannschaft immer noch verbunden, dass sie ihm diese Losung eingegeben haben. Mittlerweile weiß er bei jedem Kino, ob es rollstuhltauglich ist, und war so oft im Theater wie seit seinem Studium nicht mehr.

Aber das ist nur das äußerliche Teilhaben. Viel tiefer geht doch, dass du wieder mitschwimmst in diesem Strom, dieser dich so beglückenden Fülle. Dass etwas auf dieser Welt alle Stürme überdauert, alle Schmerzen, alle Kriege, jeden Tod, beseelt dich doch. Sich jedem Zerfall widersetzt und dem Zerfall etwas entgegensetzt.

Du hast wieder in dein Leben zurückgefunden, glaube ich.

Während die beiden Freunde Saal um Saal abklappern, berichtet Tom ihm von seiner jüngst entdeckten Lebensmittelallergie. Er sei nun auf fast alles allergisch, unbedingt müsse er jedoch Weizen und Zucker meiden. Ob das was bringt, weiß er auch nicht, immerhin glaubt er schon eine leichte Verbesserung zu spüren. Eigentlich setzte die schon ein in dem Augenblick, als seine Ärztin mit strenger Miene die Verbotsliste vorlas.

Ohne sich abzusprechen, bleiben sie gleichzeitig vor einem großformatigen Gemälde stehen. Der geschundene Leib Christi. Marias verzweifelt emporgereckte Hände. Weinende Jünger. Maria Magdalena kruschelt an dem Leichentuch herum. – Niemand tröstet irgendwen. Alle leiden, jeder vollkommen für sich allein. Kein Trost, nirgends.

Die unzähligen Variationen der Passion und der Kreuzabnahme zeigen entweder unbeteiligt dreinblickende Zeugen oder diese Solisten der Trauer. Keine Großaufnahme von Umarmungen, keine Kamerafahrt über gemeinsam vergossene Tränen. Nur stilles, einsames Leid.

Zunehmend verblüfft laufen Tom und Max die restlichen Säle ab. Irgendwer muss Maria doch im Arm halten. Sie stützen. Aber nein, niemand. Selbst wenn sie berührt wird, geschieht dies mit einem Blick, der nicht ihrem Schmerz gilt, sondern leer aus dem Bild herausragt.

Tom deutet auf ein Bild, das auf den ersten Blick definitiv nichts mit Trost zu tun hat, sondern üppig wogende weibliche Brüste zeigt.

»Das ist Trost für mich. Brauchst du ja nicht meiner Frau sagen. Frauen und schlafen. Vielleicht bleibe ich deswegen zeitlebens ein Muttersöhnchen.«

Der Blick von Max bleibt an einem mit Pfeilen durchbohrten Körper hängen. Sebastian scheint sich in seinem Schmerz zu suhlen. Auch eine Art, damit umzugehen. *Selig sind, die da Leid tragen, denn sie sollen getröstet werden.*

Wenigstens die Heiligen müssten etwas Tröstliches ausstrahlen, so leidenschaftlich, wie sie angerufen werden. – Doch auch hier findet Max nichts. Nur stoisch ertragener Schmerz auf dem Rost. Die Märtyrer sterben zwar umringt von Zaungästen, aber keiner rafft sich zu einer tröstenden Berührung auf. – Oder hat er die kleinen Gesten übersehen, die Blicke falsch gedeutet? Wahrscheinlich ist der Trost in den Details versteckt, eingewebt in die Schönheit der Komposition, in einen perfekten Faltenwurf oder die Formation der Wolken.

Tom zuckt ratlos mit den Schultern. »Vielleicht ist dein Trostkonzept doch eines der Moderne, vielleicht erst entstanden aus der Innerlichkeit des 19. Jahrhunderts.«

»Hast du das mal in einer Seminararbeit geschrieben?«

Tom schluckt eine Bemerkung hinunter und schweigt.

Max schlägt vor, in der Cafeteria etwas zu Abend zu essen. Wenigstens Essen tröstet zuverlässig. Gutes zumindest. Tom winkt ab.

»Vergiss nicht, die Lebensmittelallergie! Es ist wahnsinnig

schwierig, überhaupt noch etwas zu finden, was ich essen darf.« Er wirft einen Blick auf die Armbanduhr. »Verdammt, ich muss los. Bin schon wieder zu spät dran.«

Max fährt alleine in die Cafeteria. War es ein Fehler, Trost auf den Bildern finden zu wollen wie ein Attribut, geht es nicht vielmehr darum, ihm nachzuspüren?

Vielleicht ist es auch zu viel verlangt gewesen, von Künstlern auch noch Tröstung zu erwarten. Deren Leben verlief in der Regel ja eher trostlos.

Plötzlich taucht in seiner Erinnerung ein Bild auf, das Max reiner Trost ist. Johannas Postkarte im Krankenhaus!

Tom radelt währenddessen wie ein Verrückter nach Hause. Sein Sohn wartet schon hinter der Tür mit der gepackten Sporttasche neben sich auf dem Boden. Gemeinsam rennen sie zur Turnhalle um die Ecke. Gerade noch rechtzeitig. Hastig schreibt er seiner Frau eine SMS, dass er seine Vaterpflichten termingerecht erfüllt habe. Dann wieder aufs Rad und zu der evangelischen Kirche im Zentrum. – Verdammt! Er hat schon wieder den Helm vergessen.

Während er sein Rad an einen Laternenpfahl kettet, hört er sie schon. Er ist noch kein einziges Mal pünktlich gekommen, dagegen ist er wohl auch allergisch. Sie singen sich bereits ein, seine Sangesbrüder und -schwestern. Hauptsächlich Schwestern. Er grinst: Tom im Kirchenchor. Seine Mutter würde sich freuen, das zu erfahren. Gerade deswegen hat er sich bislang nicht getraut, es ihr zu sagen. Um sie nicht enttäuschen zu müssen, falls er auch dieses Experiment abbrechen würde. Wie das mit dem Fitnessstudio, dem Yogaunterricht, dem gemeinsam mit seiner Frau begonnenen Kochkurs. Drei Monate hat er sich gegeben, zwei sind schon vorbei. Etwas verspätet, aber immerhin, steht kurz vor Pfingsten die Matthäuspassion auf dem Programm. – Da hätte Max doch seinen Trost: Bach. Reiner geht es nicht!

Eine Probe in der Woche würde bald nicht mehr reichen, meinte die Chorleiterin beim letzten Mal. Singen hieße in erster Linie Disziplin, und dann erst Vergnügen. Solche schweren Sätze sagt sie ganz leicht dahin. Sei's drum. Tom stemmt die schwere Kirchentür auf. Er kann die Töne fast atmen, hört sogar einzelne, vertraute Stimmen heraus. Die besonders eifrigen Sopranistinnen. Tom lässt seine Tasche von der Schulter gleiten und schleicht sich von hinten an seinen Platz in der zweiten Reihe. Bereitwillig und mit einem Lächeln macht man ihm Platz.

Nein, er würde hiermit nicht aufhören. Singen, schießt ihm durch den Kopf, ist tausendmal tröstender als weinen.

30.
Ein Heilungsangebot abzulehnen, macht manch einem richtig Spaß.

Sylvia ruft aufgeregt an: ER käme nach Deutschland!

Max braucht ein paar Sekunden, um sich zu erinnern, dass es sich – laut seiner Freundin – bei IHM um den größten Heiler aller Zeiten handelt. Ein Jesuitenmönch aus Brasilien, in den abwechselnd der Heilige Geist und längst verstorbene Mediziner fahren, um ihn beim Wundervollbringen anzuleiten. Da könnten alle anderen Heiler einpacken. Und nun käme er nach Deutschland, direkt zu ihnen, also nicht direkt, sondern nach Mannheim, aber wäre das nicht trotzdem ein Zeichen?

»Du und ich, wir werden gemeinsam zur Kongresshalle pilgern«, verkündet Sylvia, »in wallenden Gewändern.«

Um ihn zu überzeugen, bringt sie wenige Stunden später die DVD mit einem Dokumentarfilm über den Pater vorbei. Max erträgt ihn nur wenige Minuten. Bis gezeigt wird, wie der verklärt schielende Heiler einer Frau mit einem Skalpell die Brust aufschneidet, mit den Fingern hineingreift und irgendetwas herauszieht. Instinktiv sieht Max weg, hört noch, dass die Wunde innerhalb weniger Tage verheilt sei, und klappt den Laptop zu.

Nein, er würde nicht nach Mannheim fahren, um sich hinter mehreren tausend, weiß gewandeten Patienten anzustellen, die innerhalb von vier Tagen an dem Heiler vorbeidefilieren. Und zwar nicht nur, weil Max ihn für einen Scharlatan hält, sondern ganz einfach, weil er ihm mitsamt seinen Heilmethoden zutiefst unsympathisch ist.

Als Sylvia abermals kommt, um die Reise mit ihm zu besprechen, erklärt er: »Nein, ich komme nicht mit.«

Sylvia ist überrascht.

»Aber warum denn nicht? Sonst rennst du doch inzwischen auch überallhin. Zu deinem blutenden Heiler im Allgäu oder dem Lebertypen oder der Hypnotiseurin. Der Brasilianer kann wirklich was.«

»Es geht gar nicht darum, ob er was kann oder nicht. Das ist nicht mein Weg. Ich bleib jetzt bei den Sachen, die zu mir passen. Außerdem habe ich mich an meine morgendlichen Atemübungen schon gewöhnt.«

Sylvia verstummt. So bestimmt und selbstsicher kennt sie Max in diesem Zusammenhang gar nicht. Es steht ihm, findet sie.

»Du hast ja Recht. Es ist besser, wenn du bei einer Sache bleibst und dich nicht verzettelst. Bei Heilern muss man auf seinen Bauch hören.«

Wie sie bei dem Schweizer. Der habe sich wieder bei ihr gemeldet und sich sehr charmant für sein Verhalten bei dem Gruppen-Healing entschuldigt. Während sie es erzählt, sieht sie so verträumt aus dem Küchenfenster, dass eine vorbeihumpelnde Frau beschämt den Blick senkt.

Max ist sich seiner Sache sicher: Qi-Gong, beten, in Kunst baden und Trost predigen reichen aus. Auf diese Disziplinen möchte er sich konzentrieren.

»Weißt du, ich muss mich selbst darum kümmern, um meinen Körper. Es hat ganz schön lange gedauert, bis ich das verstanden habe. Es geht nicht, ihm hin und wieder einen Knochen hinzuwerfen und zu hoffen, er würde davon satt.«

Sylvia wiegt den Kopf wie ein Orakel.

»Außerdem habe ich eine Theorie«, setzt Max nach.

»Du auch noch!«

»Wenn man sich wie ein Pingpongball hin- und herschlagen lässt, ist man zwar ständig in Bewegung, aber auch ganz schön fremdbestimmt. Mir würde besser gefallen, eine große und schwere Kugel zu werden, die das Richtige mit ihrer Schwerkraft anzieht.«

Sylvia schweigt.

»Und, was sagst du zu meiner Theorie?«, fragt Max.

»Ich hab schon unlogischere gehört. Aber das mit der Achtsamkeit finde ich gut. Achtsamkeit mit dem eigenen Körper ist gerade total in.«

»Ja, ich weiß. Nur bin ich selbst darauf gekommen. Das macht den Unterschied.«

Während er es sagt, fällt ihm siedend heiß seine vernachlässigte Leber ein. Kaum beginnt man eine Beziehung mit ihr, will sie dauernd unterhalten werden. Er fühlt sich seit ihrer Erweckung für sie verantwortlich. Wie für die Zimmerpflanze eines Nachbarn, die zu gießen man versprochen hat.

Noch am selben Abend legt Max routiniert seine Hand auf den untersten Rippenbogen und wartet. Nichts passiert. Dabei hat sie sich doch nach der großen Verweigerung vor einigen Wochen durchaus wieder empfänglicher gezeigt. Angestrengt überlegt er, auf wen er noch wütend sein könnte, aber es fällt ihm niemand mehr ein. Also lässt er die Gedanken treiben, die sich bald in Formen und Lichter auflösen.

Und auf einmal, beim Ausatmen, quietscht er wie ein im Laufrad eingeklemmter Hamster. Etwas theatralisch erschreckt fährt er zusammen. Und gibt in den nächsten Minuten ein ganzes Arsenal an erstickten Schreien, Seufzern, Röcheln von sich. Wie ein sterbender Held auf der Opernbühne. Seine Leber, so viel steht inzwischen fest, liebt den großen Auftritt. Aber selbst diese Exzentrik hat er akzeptiert. Sie beansprucht eben viel Aufmerksamkeit. Dabei gäbe es ja durchaus auch andere Organe. – Mit einem jäh aufflammenden Freiheitsdrang wird er sich dessen bewusst. Dabei hat Karl bereits genug Hinweise gegeben. Es dauert eben immer eine Weile, bis sie in sein Bewusstsein dringen.

Mein Herz, ich habe mein Herz vergessen!

Wie konnte er nur? Nicht dass dieses vor Eifersucht noch zu streiken beginnt. In Erinnerung an die in seinem Namen vergossenen Tränen legt Max die linke Hand aufs Brustbein und die rechte unterhalb des Schambeins. Die Kombination scheint ihm irgendwie passend.

Schon nach einer Minute setzt das Schleusen öffnende Niesen ein, einmal, zweimal. Beim dritten Mal zieht sich der Niesreflex in der Nase zusammen, ist aber nicht stark genug und verschwindet wieder. Stille. Unmerklich verzieht sich sein Mund zu einem breiten Grinsen. Wird immer größer, bis es in ein Lachen umschlägt, so fröhlich, wie er schon seit Jahren nicht mehr gelacht hat. Es wird immer lauter, Tränen schießen ihm in die Augen, aber ganz andere als bei der Leber. Sein Oberkörper schüttelt sich vor Freude.

Verrückt! Was für ein Wunder!

Und noch während dieses Lachen abebbt, schwört er sich, unter keinen Umständen irgendeiner Person, und hieße sie Karl, davon zu erzählen, zu sonderlich ist dieses Erlebnis und zu schwierig in Sprache zu fassen. Zu schluchzen wegen all der in der Leber gespeicherten Wut mag ja noch angehen, aber grundlos zu lachen wie der glücklichste Mensch auf Erden, das passt nicht zu ihm. Meint Max.

Aber aufregend ist es trotzdem gewesen. Zum ersten Mal in seinem Leben beglückwünscht er sich dazu, dass sich sein Körper trotz der ihm auferzwungenen Einschränkungen alles in allem doch gut gehalten hat. Sein Herz hat geschlagen, seine Nieren Blut gewaschen, der Magen verdaut ... Eigentlich stören hauptsächlich die renitenten Entzündungen im Rückenmark. Der Rest werkelt im Rahmen seiner Möglichkeiten recht vernünftig dagegen an.

Andererseits bleibt alles so fragil. Dieses kostbare Gleichgewicht ist jeden Moment gefährdet. Mit ein bisschen Grippe kann er sich gar nicht mehr bewegen, und wenn einmal das Handgelenk wehtäte, wäre er mitsamt Rollstuhl und Krücken in seiner Wohnung eingekerkert.

Aber was tut das heute schon?

31.
Ein Heilungsangebot anzunehmen, könnte manch einem jedoch noch mehr Spaß machen.

Max löscht, ganz gegen seine Gewohnheit, eine E-Mail, ohne sie beantwortet zu haben. Diese stammte von einer besorgten Leidensgenossin. Sie wollte sich nur versichern, ob er es auch schon gehört hätte: Die Zulassung für ein neues Medikament wäre endlich erfolgt oder stände zumindest kurz bevor. Man wisse im Pharmasumpf ja nie. Mit diesem könnte er unter Umständen besser laufen. Vielleicht gar auf den Rollstuhl verzichten. – Und falls das doch wieder einmal eine Falschmeldung sei, gebe es immerhin ein unter der Hand verschriebenes Präparat, das fast genauso gut wirke. Nur eben ohne schönes Schächtelchen und auf eigene Gefahr.

Nachdem Max die Mail gelesen hatte, konnte er – obwohl er sich dabei wie ein Freak vorkam – nicht anders, als dem Wirkstoff im Internet hinterherzusurfen. Hastig, ohne genau zu lesen. Dennoch, es schien zu stimmen, was die Unbekannte verkündigt hatte. Er ging ins Bett wie betäubt. Als er am nächsten Morgen erwachte, waren die Tabletten das Erste, woran er dachte. Und er hoffte für einen Augenblick, sich das alles nur eingebildet zu haben. Er wollte das nicht. Es war ihm zu viel. Niemand würde verstehen, dass er Angst vor diesen Tabletten hat, eine Angst, über die er sich selbst keine Rechenschaft ablegen kann.

Lasst mich doch in Ruhe, dachte er immer wieder. Lasst mich doch in Ruhe mit euren Ankündigungen.

Deswegen löscht er die Mail.

Dabei liegen die Tabletten mit dem Ersatzwirkstoff seit seinem Klinikaufenthalt in der Küchentischschublade. Die Stationsärztin hat sie ihm bei seiner Entlassung in die Hand gedrückt. Er müsste sie allerdings unter ärztlicher Beobachtung nehmen. Erst hat Max das Döschen mit den weißen Tabletten verdrängt, dann vergessen. Bis zu der E-Mail.

Fast ein Jahr hat er gebraucht, um sich mit dem Rollstuhl auszusöhnen, und nun soll er das alles aufgeben für ein paar Tabletten? Er ist inzwischen schneller als jeder Fußgänger, er kommt an Orte, die er jahrelang gemieden hat. Ins Theater, ins Kino, ins Museum … Erst am Wochenende war er im Englischen Garten! Wenn er jetzt wieder hundert Meter gehen könnte, dann wäre er zwar wieder auf demgleichen Stand wie vor einem Jahr, aber wozu? Es war so kräftezehrend, sich Tag für Tag zu überfordern.

Natürlich würde er gerne gehen können, in seiner Wohnung bleiben, nicht auf Hilfe angewiesen sein. Aber gleichzeitig fragt er sich, ob dieses »natürlich« völlig aufrichtig ist. Kranksein ist normal, hat das nicht auch die Hypnotiseurin gesagt?

Irgendwann würde er sie schon nehmen, diese verdammten Tabletten. Aber nicht heute.

Noch Stunden später schämt er sich für die Aufgeregtheit, in welche die E-Mail ihn gestürzt hat. Was für ein genialer Plan, denkt er, erst einmal so zu tun, als wüsste er nichts von der ganzen Sache.

Garantiert werden irgendwelche Freunde die Sache über kurz oder lang herausbekommen und ihn zur Rede stellen. Solange möchte er die Ruhe genießen.

Es gibt andere Möglichkeiten, dich hin und wieder an die Tabletten zu erinnern. In die Schublade des Küchentischs wirfst du zu Teelichtern, Pflanzendüngerstäbchen und Kopfschmerzmedikamenten auch die Batterien für den Radiowecker, nicht wahr? Eigentlich spricht nichts dagegen, wenn diese in Zukunft nur noch halb so lang halten, ganz *zufällig*.

Scheint fast, als würden du und ich mittlerweile in derselben Liga spielen.

Jemand klopft ans Fenster.

Tom hat keine Zeit reinzukommen, wollte nur vorbeischauen, weil er sich Sorgen gemacht habe, und sich vergewissern, dass alles in Ordnung sei. Max hätte ja im Bad ausgerutscht sein können oder ohnmächtig vor dem Bett liegen. Lauter solche Sachen habe er sich ausgemalt, weil Max nicht an sein Handy gehen würde.

»Aber immerhin haben deine Sorgen dich zu einem Besuch überredet.«

»Stimmt. Aber in Zukunft lasse ich mich von meinen Ängsten nicht mehr tyrannisieren. Das habe ich mir vorgenommen. Übrigens, was kam jetzt eigentlich raus bei deinen Umfragen? Wie läuft es mit der Trösterei?«

»Sei da.«

»Du redest schon wie einer von deinen Qi-Gong-Gurus.«

»Wir Prediger können halt alle nicht aus unserer Haut. Außerdem ist anderen predigen immer noch die beste Ausrede, das nicht zu tun, was man predigt.«

»Gut, dann verrat mir das Rezept zum perfekten Trösten. Ich erzähle es auch niemandem weiter.«

»Bin ich der Papst?« Max erhebt segnend die Hände.

»Stimmt. Einen Papst im Rollstuhl hatten wir ja erst.«

»Eben. Also nur so viel: Es tröstet mich, dass du gekommen bist.«

Tom denkt einen Augenblick nach und nickt dann.

»O. k., ich hab's verstanden. Da sein für andere, Suppe kochen, Händchen halten, die Ohnmächtigen wiederbeleben, das ist Trost.«

»Jetzt hast du's«, sagt Max. »Alles Getröstetwerden läuft auf die Erfahrung hinaus, nicht allein zu sein. Gehört zu werden, angenommen. Und verstanden. So einfach und so schwierig ist das.«

Tom steigt auf sein Fahrrad. »Aber eins muss ich dir sagen, die schönste Predigt, die hast du mir vor drei Jahren gehalten, als du die Oper inszeniert hast.«

»Ich kann mich gar nicht erinnern, zu der Zeit gepredigt zu haben. Eher geflucht.«

»Genau. Manchmal ist fluchen wirksamer als predigen. Du hast gesagt: ›Bei der letzten Probe ist die größte anzunehmende Katastrophe passiert. Nichts funktioniert. Die Kostüme sind nicht fertig, der Dirigent hat sich mit der Kostümbildnerin überworfen, der Tenor hat einen Blinddarmdurchbruch, aber ich war noch nie so glücklich.‹ – Daran denke ich oft, wenn es mir schlecht geht.«

32.
Einige merken erst im Kloster, was sie draußen vom Leben hatten.

Ein Fenster im Erdgeschoss wird aufgestoßen. Eine Nonne in Zivil winkt Rebecca und Max mit beiden Armen zu.

»Es gibt hier im Kloster wohl keine«, sagt Rebecca, »die so viel redet und gleichzeitig so verschwiegen ist wie Schwester Katharina.«

Rebecca ist erst vor ein paar Monaten in den Konvent in der Nähe von Bad Tölz eingetreten. Max traf sie zum ersten Mal, als sie gerade ihre Wohnung auflöste. Damals erzählte sie ihm überaus bewegend vom Sterben ihres Verlobten im vorletzten Winter. Mit einer strahlenden Erlösungsgewissheit, die bis zu diesem Tag in ihm nachhallt. Ihr Freund sei zwar nicht geheilt, aber heil geworden am Ende, erklärte sie. Alles, was in ihm zerbrochen gewesen sei, hätte sich zusammengefügt kurz vor dem Tod, trotz der Schmerzen und der Angst. – Deswegen hat Max um ein erneutes Treffen gebeten.

Nun sitzen sie im Garten des Klosters und wissen nicht recht, was sie miteinander anfangen sollen. Rebecca kann den Tag ihrer Einkleidung kaum erwarten. Und Max bringt es nicht über sich, sie mit seinen Fragen in ihre traurige Vergangenheit zurückzuzwingen. Völlig unmöglich, sie in diesem Zustand zu verhören, ob ihr verstorbener Freund sich selbst als heil empfand oder ob sich die Hinterbliebenen das zu ihrem eigenen Trost zusammengereimt haben. Im Grunde aber ist Max erleichtert, es nie zu erfahren.

»Sie müssen Schwester Katharina unbedingt kennenlernen«, sagt Rebecca schließlich, »nicht weil sie auch im Rollstuhl sitzt, sondern weil ich keinen anderen Menschen kenne, der so viel Zuversicht ausstrahlt.«

Als hätte sie nur auf dieses Stichwort gewartet, öffnet sich die Terrassentür und Schwester Katharina rollt ihnen entgegen.

»Gerade habe ich von dir gesprochen«, begrüßt Rebecca sie. »Das ist Maximilian. Der ist auf der Suche nach dem, was ihn trösten könnte. Vielleicht hilft es ihm, wenn du deine Geschichte erzählst.«

Schwester Katharina schüttelt Max die Hand und sieht ihn dabei durch ihre verrutschte Brille prüfend an.

»Ja, da gibt es eigentlich nicht viel zu erzählen.«

Nach einigen schmeichelnden Bitten Rebeccas tut sie es doch.

Katharina wurde zwar im selben Jahr geboren wie Max und wuchs nur hundert Kilometer entfernt auf, aber dennoch trennen die beiden Welten.

Mit fünfzehn Jahren hatte sie schon ebenso viele Operationen hinter sich. Mal wurde hier eine Sehne verlängert, mal ein Gelenk neu justiert. Oder, noch öfter, eine vorangegangene Operation korrigiert. Kein einziger Eingriff brachte eine Verbesserung der bei der Geburt entstandenen Behinderung. Manchmal blieb sie nur ein paar Monate, einmal sogar ein ganzes Jahr im Krankenhaus. Noch die Neunjährige schoben ihre Eltern im Kinderwagen herum. Bis dieser eines

Tages zusammenkrachte. Sie schämten sich, für ihre Tochter einen Rollstuhl zu beantragen. Damit hätten sie vor dem ganzen Dorf eingestehen müssen, dass mit ihr etwas nicht stimmte. Und vor sich selbst. So musste eben der Kinderwagen herhalten oder die Schubkarre. Katharina saß viel in der Küche, während die anderen Kinder draußen spielten.

Nur einmal begehrte sie auf, als sie wieder Monate im Krankenhaus verbringen musste, weil die Stahlklemmen in ihrem Knie verrutscht waren. Da war sie ungefähr dreizehn. Sie malte ein Schild, das ihre weniger eingeschränkte Zimmergenossin über das Stationszimmer hängte. Darauf stand: »Jetzt oder nie: Anarchie« und darunter, in kleinerer Schrift: »für mehr Freiheit und Würde im Krankenhaus«. Was »Anarchie« bedeutete, wussten sie beide nicht. Doch Katharina ahnte, dass sie mit diesem Wort provozieren konnte. Was auch schmerzhaft gelang.

Ein Wort aus der Benediktsregel war es schließlich, das sie mit Ende zwanzig traf wie ein Blitz: »Wer ist der Mensch, der das Leben liebt und gute Tage zu sehen wünscht?« – Ich, schrie Katharina, ich bin es. Seitdem lebt sie hier. Sie deutet mit einer Hand auf das Haus und den Garten.

Max ist verstummt angesichts so viel Überlebenswillen. Und wundert sich, diesen Satz in der Benediktsregel überlesen zu haben. Hat sie ihm das alles erzählt, um ihm zu zeigen, wie gut es ihm trotz allem ging? Nein, auf so etwas würde sie gar nicht kommen, so wie sie von innen heraus leuchtet. Diese Schwester ist so bei sich, dass sie selbst von ihrem Leid voller Liebe sprechen kann, ohne Verklemmungen. Das ist es.

»Und was ist für Sie Trost?«, fragt er schließlich.

»Trost.« Schwester Katharina macht eine Pause. Dann wird ihre Stimme auf einmal fest. »Trost war für mich jeder Tag daheim, den ich nicht im Krankenhaus verbringen musste. Sobald man mir ein bisschen zu leben gibt, geht für mich die Sonne auf. Mir kannst ein Eis hinstellen, und ich freue mich. Und wenn ich im Rollstuhl bis vor ein Café komme mit Stufen davor, dann freue ich mich, dass ich immerhin bis vor das Café gekommen bin. Ja, da schaut ihr zwei jetzt, weil ihr denkt: Im Café wäre es noch schöner. Aber ich habe eine zuverlässige Frage gefunden, ob etwas wirklich Trost ist: nämlich dann, wenn etwas in mir ein Gefühl der Dankbarkeit auslöst. Wenn ich für etwas, was ich bekommen habe, das Leben im Kloster oder das Sonnenfunkeln auf der Isar oder Rebecca als Verstärkung hier, dankbar bin, dann hat es mich auch getröstet. Wer sich bedankt, macht sich nicht klein, der bleibt aufrecht. Egal, wie bucklig er ist. Der nimmt an und gibt etwas zurück.«

Sie zwinkert ihm zu, dann wird endlich Kuchen gegessen.

Während er das Tor hinter sich zuzieht, lächelt Max zufrieden: Endlich weiß er, was *Trost auf Augenhöhe* bedeutet. (Und ist gleichzeitig froh, dieses Wissen in die Freiheit seines Lebens jenseits von Klostermauern mitnehmen zu können.)

33.
Statt ein mickriges Apfelbäumchen zu pflanzen, kann man auch gleich eine Kathedrale bauen.

Bei jeder Bewegung fängt der Matratzenberg an zu schwanken. Erst vier Stück übereinander haben die notwendige Höhe ergeben, damit Max ohne Hilfe aufstehen kann. Durch das Fenster ist die Krone der abgestorbenen Linde neben dem Schwimmteich zu sehen. Nebelfetzen steigen aus dem Tal auf der Flucht vor der aufgehenden Sonne. Im Haus ist noch alles ruhig, selbst der Hahn hat sich wieder beruhigt.

Jedes Mal, wenn er Ulrich und Johanna auf ihrem Hof im Allgäu besucht, fühlt er sich beschenkt: mit neuen Baumnamen, Wissenswertem über Permakultur oder die Gesetze des Wachstums und der Ernte. Das meiste vergisst er gleich wieder, dennoch fühlte es sich gestern Abend wundervoll an, solche Worte wie ein Mantra nachzusprechen.

Ulrich widmet sich seit zwei Jahren ganz diesem Ort. Zuerst waren es die Kräuter und schließlich der Wunsch, als Selbstversorger zu leben. Nach fünfzig Jahren in unzähligen Städten. Nach Jahrzehnten als Regisseur und Theaterleiter, in Räumen ohne Licht. Nach und nach kamen die Fische im Schwimmteich, die Hühner und vor wenigen Wochen drei Schafe dazu. Jeder Tag ist nun voller Verpflichtungen, birgt andere Herausforderungen.

Vor sich einen dampfenden Kräutersud, fragt Max seinen Freund aus, was an diesem Tag draußen zu tun wäre. Und schließt nahtlos, ganz Städter, die Frage an, ob es nicht manchmal trostlos einsam sei, so weit weg von aller Zivilisation.

»Manchmal, wenn ich am Abend auf der Bank neben dem Badeteich sitze und die Krokodile füttere«, sagt Ulrich, »kommt schon die Frage hoch: Warum tue ich das eigentlich, warum verbringe ich meine Tage nicht mit Espressotrinken in Berlin?«

Max hofft, dass die Geschichte gut ausgeht. Und wirklich: Ulrich fährt an solchen Tagen mit seinem Jeep zu einem Freund, der einen Biohof betreibt. Der erklärt ihm dann, wie wichtig ihre gemeinsame Arbeit sei.

»Dass ich der Erde etwas zurückgebe, wenn ich mich um Pflanzen kümmere, um Tiere. Und damit auch mir selbst etwas Gutes tue. Es reicht manchmal schon zu wissen, dass ein anderer Mensch ähnlich denkt wie man selbst, diese Übereinstimmung zu spüren, um die Zweifel in Schach zu halten wie die Brennnesseln, die alle paar Wochen das Blumenbeet überwuchern.«

Für den nächsten Winter hat Ulrich sich eine Hütte gebaut, verborgen im angrenzenden Wald, um noch näher dran zu sein an der Natur. Er deutet auf die dichten Tannen links neben dem Hof. In diesem Moment gleicht er nicht einem Bauern, auch nicht einem Landschaftsarchitekten oder intellektuellen Aussteiger, sondern einem Gläubigen vor dem Altar.

Johanna lächelt. Es hat etwas Rührendes, wenn die beiden Männer über Landwirtschaft sprechen, beide ohne wirklich Ahnung davon zu haben. Auch sie nimmt sich gerade eine Auszeit vom Theater. Wie Sylvia belegt sie ein spirituelles Seminar nach dem anderen, atmet holotrop, meditiert exzessiv und erforscht ihren Schatten. Mit einem großen, nur Schauspielern gegebenen Ernst und gleichzeitig vollkommen spielerisch. Sie will zu sich finden. – Wer erwartet einen dort, ein Gefährte, ein Doppelgänger? Max stellt die Frage nicht. Die Antwort kennt er bereits.

Für die verwöhnten Hühner fühlen sich Johanna und Ulrich gleichermaßen verantwortlich. Sie sind der Nenner für ihr gemeinsames Leben. Drei einvernehmlich nebeneinanderher pickende Vögel. Den Vorgängerhahn hat sich ein Raubvogel gekrallt. Aber die Hühner, die blieben immer zusammen, auch wenn sie stritten, sagt Johanna und wendet sich an Max: »Erinnerst du dich noch an den letzten Sommer? Wie du versucht hast zu schwimmen. Nächste Woche ist es genau ein Jahr her. Ist dein Schutzengel immer noch ein Anfänger?«

Ohne nachzudenken antwortet Max: »Wir haben viel zusammen erlebt.« Dann überlegt er doch. »Ich glaube, er kann sich jetzt öfter zurücklehnen als damals. Und ich habe gelernt, dass man auch vorankommt, wenn man den Weg nicht kennt.«

Johanna lächelt, und auch das ist anders als vor einem Jahr: Max lächelt mit.

Den ganzen Tag verbringt er schreibend auf dem Holzbalkon. Wieder glitzert das Wasser von unten verlockend, doch nun erfreut er sich daran ohne Wehmut.

Zum Abendessen versammeln sich die drei wieder um den großen Tisch auf dem Balkon. Und plötzlich ist eine

Idee geboren, ohne dass einer von ihnen später sagen könnte, von wem sie ursprünglich stammte: Eine Kapelle werden sie bauen, in der Nähe des Hofes.

Max ist ganz aufgeregt. Im Leben eine Kirche errichtet zu haben, klingt noch viel erfüllender, als einen Apfelbaum zu pflanzen. Er probiert für seinen Lebenslauf gleich einen neuen Satz aus: »Und dann habe ich im Alter von achtunddreißig Jahren eine Kapelle gebaut.«

Für Johanna ist es eine typische Männeridee. Männer brauchen immer etwas Großes, etwas ganz Großes. Ein bloßes Holzkreuz, wie zu Beginn des Gesprächs, reicht ihnen nicht. Nein, es muss gleich ein meilenweit sichtbares Gebäude sein. Da passt es, dass Max, zunächst mit scherzhaftem Unterton und dann immer selbstverständlicher, von einer Kathedrale spricht.

Und auch das ist in ihren Augen typisch Mann: dass die beiden sich nicht einmal einigen können, wem die Kapelle geweiht werden soll. Ulrich ist eher für etwas Unbestimmtes, Vieldeutiges. Auf jeden Fall müsse neben einem Kreuz, auf das man wohl nicht verzichten könne, ein mindestens gleichgroßer Buddha stehen. Eine Kapelle der Weltreligionen.

Max hingegen sieht einen Marienschrein vor sich. Mit quietschbunten, kitschigen Figuren und Dutzenden Votivtafeln an den Wänden. Die dazugehörigen Wunder würde er sich eigenhändig ausdenken.

Doch Johanna, die sich eigentlich heraushalten will, legt bei diesem Vorschlag die Stirn in Falten, so dass Maria als Patronin ausscheidet. Um etwas Sand ins Getriebe zu streuen, schlägt sie eine Gedenkstätte für alle Homosexuellen der

Welt vor. Die beiden Männer sehen sie irritiert an: Warum denen ausgerechnet im hintersten Winkel des Allgäus gedacht werden soll, leuchtet ihnen nicht ein.

»Genau deshalb«, sagt Johanna.

So gehen sie ins Bett. Max mit den Plänen für eine alles überragende Kathedrale im Kopf, Ulrich mit der Vision eines alles umspannenden Kraftzentrums und Johanna voller Sorge, dass am Ende doch wieder sie allein mit dem Spaten dastehen würde.

Am nächsten Morgen löst sich die Frage nach der Größe der Andachtsstätte wie von selbst. Auf der ins Auge gefassten Wiese zwischen Straße und Hof steht die Kapelle bereits, ohne dass sie es bei der mitternächtlichen Ortsbegehung gemerkt hätten.

Vor vier Jahren, unmittelbar nach Übernahme des Hofes, hat Ulrich zwölf Birken in einen Kreis mit ungefähr acht Meter Durchmesser gepflanzt. Die Bäume sind inzwischen so gewachsen, dass sie im Sommer nur noch eine kleine Scheibe Himmel freilassen. Das ist sie, ihre Kathedrale. Rundherum müsste man nur noch ein Mäuerchen bauen und den Weg ins Innere pflastern.

Noch während sie inmitten des Kreises stehen, die Augen nach oben gerichtet, hat Max eine Idee, wem die Kapelle statt Maria und Buddha gewidmet sein könnte.

»Wie wäre es, wenn wir sie den Menschen widmen? Den lebenden, den toten und den noch nicht geborenen?«

Ulrich nickt.

»Eine Kathedrale des Trostes«, sagt Johanna.

In dem Moment kreuzt ein Vogel die Himmelsscheibe, und die Frage ist entschieden.

Zurück in München, fährt Max direkt vom Hauptbahnhof in seinen Lieblingspark hinter der Bavaria. An dem späten Sommernachmittag leuchtet in den Straßen so viel Gewissheit, dass Max ganz trunken davon wird. Das durch die grünmüden Blätter fallende Sonnenlicht überpinselt die Gebäude rings um die Theresienwiese mit einer alles Leid abwehrenden Lackschicht aus Zuversicht.

Die Spatzen auf dem Kiesweg plustern sich auf, bis zum Sonnenuntergang herausgenommen aus dem Kreislauf von Fressen und Gefressenwerden. Selbst die Spinne in ihrem durchhängenden Netz lässt sich von einem Windhauch vor- und zurückschaukeln, ohne irgendeine Absicht, die über den Moment hinausginge. Das Geplapper der Kinder auf der Wippe klingt wie ein Gespräch altersmilder Philosophen. Ein junger Hund schließt nach Minuten des Aufbegehrens Frieden mit seiner Leine.

In diesem einen Augenblick ist Max fest davon überzeugt, dass es auf der Welt genauso viel Trost wie Leid gibt. Genausoviel Heilung wie Verfall. Unendlich viel und genug für jeden, von allem. Wie könnte es anders sein? Es muss doch auch hier ein Gleichgewicht herrschen, wie überall sonst auch.

Am liebsten würde er sich dies auf den Handrücken tätowieren lassen, um es ja nie mehr zu vergessen: Es gibt genug Trost für jedes Leid, Heil für jedes Leben.

Gar keine schlechte Idee, das mit dem Trost-Tattoo.

Ich habe mich zu dir auf eine Holzbank neben die gusseiserne Bavaria gesetzt. Fast trotzig reckt sie ihren Lorbeerkranz in den blauen Himmel. Dass du mich nicht wahrnimmst, stört mich nicht mehr. Der Rollstuhl steht hinter uns wie ein stummer Diener, jederzeit einsatzbereit.

Ein Eichhörnchen kommt angehüpft, bleibt stehen und sieht fragend her. Anscheinend geht von dir gerade etwas aus, das mich sichtbar macht. Am liebsten würde ich das Tierchen für dich einfangen, so selig lächelst du es an. Aber das Eichhörnchen hat seinen eigenen Kopf und verschwindet in der Krone der nächstgelegenen Kastanie.

34.
Ein Mensch ist dann rundum getröstet, wenn er nicht mehr über Trost nachdenkt.

Bei Sylvia dudelt in der Küche ein Schlagersender. Ihre Mitbewohnerin braucht das zum Kochen. Gleich gibt es WG-Spaghetti mit Restesauce und danach ein heilendes Telefonat in die Schweiz. Sonntagabendfreuden einer frisch Verliebten.

Sylvia liegt auf dem Bett und liest sich eine Mail an Max durch. Die Frage, was seine Freunde trösten würde, schickte er schon vor Monaten herum, aber bislang fühlte Sylvia sich nicht in der Lage, sie zu beantworten. Wahrscheinlich ist er an dem Thema überhaupt nicht mehr interessiert. Dennoch kann sie das nicht einfach im Raum stehen lassen.

»Liebes Mäxle, auf deine Rundmail bin ich dir noch ne Antwort schuldig. Für mich klingt Trost wie Toast. Lach jetzt nicht! Als Kind fand ich Toast total tröstlich. Wir hatten selten welchen. Ich weiß nicht wieso, aber so ein warmes Brot am Morgen, mit Butter, die von ganz allein zerläuft, das war für mich der Inbegriff von Geborgenheit und Trost. Überhaupt essen … Heute ist Trost für mich das Gefühl, zur Ruhe zu kommen, anzuhalten. Einen freundlichen Blick auf mein Leben zu werfen und sich zu sagen: Eigentlich machst du das doch ganz gut. Ich lächle mir dann selber zu, und beide finden wir das besänftigend.

Trost bedeutet für mich, wirklich zu leben, nicht zu rasen. Mit Respekt zu atmen. Nicht lethargisch werden. Sehen, was es zu sehen gibt. Spüren, was da ist. – Hört sich ein bisschen abgegriffen an. Wenn ich das Gefühl habe, wirklich in der Zeit zu sein, dann fühle ich mich getröstet. So long, muss essen. Und telefonieren! Deine angehende Heilersbraut.«

Sie drückt auf »Senden« und geht rüber in die Küche.

Bei Max dudelt eine CD mit seinen Lieblingsliedern. Und er brummt, hinter dem Schreibtisch kauernd, jedes Mal lauter mit. Plötzlich stutzt er: »Wir woll'n uns still dem Schicksal beugen, da uns dein heil'ger Trost anweht.«

Ist es das, aller Trost ein Hauch, der das Leid leichter ertragen lässt? Rückblickend scheint es ihm so, als wäre er ein Jahr lang weniger auf der Suche nach Heilung gewesen denn nach Trost. Dieser war gar nicht deren Ersatz, nicht der Trost-, sondern der Hauptpreis.

»Still dem Schicksal beugen« – das klingt allerdings ein wenig aufdringlich nach demütig gesenktem Kopf. Wie wäre es stattdessen mit: Wir woll'n ruhig das Schicksal hinnehmen? Max versucht, seine Neufassung zu singen. Sie passt nicht ganz auf die Noten. Aber was passt in diesem Zusammenhang schon ganz? Ohne Hilfskonstruktionen geht es nicht, heißt es irgendwo bei seinem Lieblingsautor. Manche Umwege stellen sich eben erst nachträglich als richtig heraus.

Max kramt aus dem Stapel mit den Klarsichthüllen einen DIN-A4-Block hervor, in dem er fast ein Jahr lang seine Beobachtungen zum Trost notiert hat. Kurz überlegt er, ob er die Schubertassoziationen aufschreiben soll, entscheidet sich dann aber dagegen und druckt stattdessen Sylvias E-Mail aus. Sorgfältig klebt er sie auf die letzte Seite, gegenüber seiner Trostsatz-Liste. Im Widerspruch zu seinem Vorsatz, nicht zurückzuschauen, liest er die letzten drei Einträge:

»9. August

Und noch eines steht für mich jetzt fest: Trost zu finden ist keineswegs einfacher als Heilung. Man kann ihn unmöglich in einen Satz pressen. Es war vergebliche Liebesmüh, diesen einen, alles umfassenden Vers, diese eine Geste, dieses eine Bild zu finden. Alle Sentenzen, die ich mir in den letzten Monaten zusammengesammelt habe, verlieren beim Wiederlesen ihre Kraft, nur ganz wenige halten einer veränderten Stimmung stand. Es gibt auf der Welt schon genug Leute, die glauben, sie könnten anderen sagen, was sie machen sollen, statt einfach mal zuzuhören.

Von seinem Schmerz erlöst wird nur, wer den Trost bereits in sich trägt. Deshalb kann niemand gegen seinen Willen getröstet werden.

Schlussendlich braucht nur noch das Tuch darüber weggezogen werden, um Trost als solchen zu erkennen. Trösten kann nur das, was in einem ist. Und da ist viel mehr, als ich jemals vermutet hätte: verschüttet, überwuchert, geborsten zwar, aber es ist noch da.

Voraussetzung ist Respekt: mit sich selbst, dem Körper, der Natur ... – Nun wird es gleich wieder kitschig. Sylvia auf ihrem Eso-Trip würde wahrscheinlich wieder von Achtsamkeit sprechen. Aber mir gefällt Respekt besser.

15. August

Gesundsein ist normal. – Margots Spruch habe ich mir mittlerweile so übersetzt: Gesundsein ist nichts, wovor ich mich fürchten müsste. Gesundsein heißt Veränderung, und Veränderung ist eben normal. *Du musst nicht anders sein.* – Die beiden Sätze gehören zusammen! Merkwürdig, dass mancher Trost so lange braucht, um aufzugehen. In Zukunft werde ich versuchen, mir das Leben nicht immer so schwer wie möglich zu machen.

21. August

Jeder Trost ist eine Geschichte, die erzählt wird. Und wirkt nur, wenn diese glaubwürdig ist. Sie kann lang sein, tausendundeine Nacht umspannen oder nur ein paar Worte. Die kürzeste Fassung braucht nicht einmal ein einziges. Sie lautet: Da ist jemand, du bist nicht allein.

Selbst wenn sie nur ein paar Takte Musik einschließt, die ein vor Jahrzehnten die Treppe hinuntergestürzter Tenor mit seiner wundervollen Stimme gestaltet hat.

Stumm werden wir uns in die Augen schauen,
und auf uns sinkt des Glückes stummes Schweigen.

Max schüttelt den Kopf in einer nur Menschen möglichen Mischung aus Unverständnis und Zustimmung.

Er legt die CD mit den Strauss-Liedern ein und dreht die Lautstärke auf. Schließlich beerdigt er das Trosttagebuch in dem Karton unter dem Bett, mit den anderen Sachen, die zum Vergessen freigegeben sind.

Manchmal ist die Lösung doch viel einfacher, überlegt er. Da braucht man keinen Trost, sondern nur eine Tasse Tee.

35.
Die Menschen fühlen sich immer so schwer oder so leicht wie die Welt um sie herum.

Weit kommt Max mit Krücken nicht mehr. Aber bis zur Buchhandlung auf der anderen Straßenseite reicht es gerade noch. Dort trinkt er an einem mit winzigen Tonscherben verzierten Tisch seinen Espresso. Er hat sich gerade hingesetzt und seine Bestellung durch die Tür gewunken, da kommt eine Kundin heraus. Ihr Blick fällt auf die Krücken.

»Wozu hast du die denn?«

»Zum Gehen.«

Sie lacht. »Auf eine dumme Frage bekommt man eine dumme Antwort.«

Max nickt und richtet sich schon auf das hoffentlich kurze Gespräch über seine Krankheit ein. Aber schon bei der Nennung der Diagnose nimmt es eine unerwartete Wendung. Die an dieser Stelle normalerweise kommenden Beileidsbekundungen, die als Sprungschanze für die guten Ratschläge oder die eigenen Krankheiten dienen, bleiben aus. Stattdessen sagt die vielleicht fünfzigjährige Frau mit breitem slawischen Akzent: »Ich kann dich gesund machen. Nun, ich kann es nicht versprechen. Natürlich kann ich es nicht versprechen, aber ich kann es. Übrigens, ich bin die Waltraudis.«

Normalerweise hätte Max nach zwei pflichtschuldigen

Fragen das Gespräch an dieser Stelle beendet. Und nun macht er genau das Gegenteil, indem er gerade nicht fragt, wie sie das anstellen würde, sondern, wo sie wohnt. Sie kramt aus ihrem Umhängebeutel einen Zettel von einem Abreißblock – ausgerechnet dem Werbegeschenk eines Pharmaunternehmens. Mit dunkelblauer Tinte steht darauf ihr Name, die Adresse und ihre Berufung: Bioenergetikerin.

»Das kennst du, oder?«, fragt sie.

Max schüttelt verneinend den Kopf und sagt dennoch: »Bestimmt, ich kenne fast alles.«

»Na, ich heile nach Dimitri. Wann kommst du vorbei?«

Zu seinem eigenen Erstaunen hört er sich antworten: »Ginge es gleich morgen früh? Wenn wir das nicht gleich machen, wird das nie etwas.«

Erst daheim, wieder am Schreibtisch, fragt er sich, was ihn geritten hat. War es wegen der würzigen Septembersonne, hat er gehofft, die Energetikerin so schneller abwimmeln zu können? Er geht alle möglichen Beweggründe für seine Zusage durch, aber keiner passt.

Mehr noch, am nächsten Morgen steht er – zwar eine halbe Stunde später als ausgemacht, aber immerhin – vor ihrem Haus. Waltraudis wohnt in einem abgewirtschafteten Plattenbau ungefähr einen Kilometer entfernt. Sie nimmt ihn an der Haustür in Empfang.

»Ein bisschen spät bist du dran, aber bitte«, sagt sie und hilft ihm über die Stufe. Sie scheint keinen Augenblick an seinem Kommen gezweifelt zu haben. Ein Nachbar wird kurzerhand aus dem Aufzug gescheucht. Die zwei Stockwerke könne er wohl wirklich zu Fuß gehen, ruft sie ihm nach.

In ihrem winzigen Ein-Zimmer-Appartement thront eine mit weißem Frottee überzogene Massageliege. Der Kleiderschrank steht halb offen, an der Wand hängt, der Anblick beruhigt Max, auch ein Kreuz und daneben ein Postkartenfoto von ihrem Lehrer Dimitri.

»Ich habe schon alles für dich vorbereitet, hier sind drei Kerzen. Bei jeder Sitzung müssen drei Kerzen für den Klienten herunterbrennen, und Wasser habe ich für dich gekauft, weil: Wasser ist Heilung. Aber jetzt setzen wir uns erst mal hin und unterhalten uns, hier habe ich auch schon die Karteikarte für dich vorbereitet.«

Bevor sie sich unterhalten können, erzählt sie ihm die Lebensgeschichte ihres Vaters. Dieser war Tischler in Siebenbürgen. Irgendwann hat er sich seinen eigenen Sarg gezimmert und starb schweigend. Unvermittelt springt sie zum Schicksal von Franz, ihrem Lebensfreund. Der mit der Krankheit von Max. Ein Minnesänger sei der. Mit einer verwilderten Ziegenherde lebt er in einer verfallenen Mühle im Wald und weigert sich beharrlich, von ihr geheilt zu werden.

Zu beiden Personen hält sie Max Fotos hin, selbst die Postkarte von Dimitri nimmt sie von der Wand bei der Beschreibung ihres Lehrmeisters. Bei der Gelegenheit fällt ihr ein, dass sie ihn um Beistand bitten könnte.

»Das trauen sich nicht viele, aber ich mache das. Ich rufe Dimitri an bei schwierigen Fällen und bitte ihn um energetischen Beistand.«

Meister Dimitri sei nur leider nicht zu erreichen, da er ein Seminar in Österreich gebe, erklärt seine Sekretärin am Telefon.

»Macht nichts, ich schaffe das auch allein.«

Max ist für einen Moment enttäuscht, aber dann lässt er sich von der Unerschütterlichkeit seiner Schülerin mitreißen.

Waltraudis erkundigt sich nach seinem Geburtstag. Die Zahlen notiert sie auf eine grüne Karteikarte und bildet daraus mehrfach Quersummen, bis eine Vier übrig bleibt. Sie strahlt ihn an.

»Das ist ganz klar, die Vier steht für Gesundheit, also ist die Gesundheit dein großes Thema.«

Max nickt, ohne jeden Anflug eines Grinsens, nicht einmal innerlich. Er nimmt es einfach wohlwollend zur Kenntnis. Schließlich möchte Waltraudis noch wissen, was er sich heute vom Universum wünschen würde.

Max denkt nach. Schließlich fällt ihm etwas ein: »Klarheit. Ich wünsche mir Klarheit.«

Waltraudis richtet sich auf.

»Michael Maximilian, das geht so nicht, da würde ich dir ja am liebsten eine Ohrfeige geben. Du musst etwas für deinen Körper wollen, nicht immer nur für den Geist. Geist hast du genug, jetzt musst du dich um deinen Körper kümmern!«

Sie hat ja Recht.

»Weißt du, ich bin zurückhaltend mit meinen Wünschen«, sagt Max. »Aber ich denke, Leichtigkeit, verbunden mit Klarheit, das wäre schon was. Sowohl für den Körper als auch für die Seele.«

Das lässt Waltraudis gelten. Sie ist eh schon dabei, nach einer Kladde zu suchen, in der für jede Krankheit eine Lebensmaxime steht. Schließlich findet sie diese unter einem Stapel Werbeprospekte.

»Hör gut zu! Dein neues Lebensmotto lautet: ›Ich versuche nicht mehr, alles unter Kontrolle zu halten, ich fließe mit der Freude des Lebens dahin.‹ Magst du es dir aufschreiben?«

Max schüttelt verneinend den Kopf. Das könne er sich auch so merken.

Schließlich bugsiert sie ihn auf die Liege, zieht ihm rote Wollstrümpfe über die nackten Füße und legt eine CD ein. Dimitri habe die zusammengestellt und ganz viel Energie hineinprogrammiert. Dann klärt sie ihn über die möglichen Begleiterscheinungen ihrer Behandlung auf. Er hört so aufmerksam zu wie bei den Sicherheitsansprachen der Stewardessen vor Abflug: voller Gewissheit, auf keinen Fall abzustürzen. Zwischendrin würde sie hin und wieder den Raum verlassen, um sich die Hände zu waschen, deswegen solle er sich nicht beunruhigen. Außerdem könnten Schmerzen auftreten, aber nie schlimmer als alles, was er schon erlebt habe, und natürlich Kribbeln, Weinen sowie Gefühle aller Art. Er solle nichts unterdrücken, auf keinen Fall etwas unterdrücken, schärft sie ihm ein. Daraufhin bittet sie, die Augen zu schließen, und verschwindet zum Händewaschen. Max liegt völlig ergeben da, in dieser fremden Wohnung dieser fremden Frau. Ohne Sorgen, voller Vertrauen.

Er liegt einfach nur da.

Als sie wiederkommt und ihm die Hand auf das Herz legt, versetzt es ihm einen Stich, einen reißenden Schmerz, der aber sofort wieder verschwindet.

Was genau sie in der folgenden Stunde tut, bekommt er nicht mit. So ähnlich jedoch muss es sich anfühlen, wenn ein Wunder an einem geschieht. Es ist, als lösten sich in ihm

Dutzende Knoten auf, nicht mit einem Schlag, sie verschwinden einfach, einer nach dem anderen. Alles in ihm kommt zur Ruhe.

Freunde, Begebenheiten, Gesprächsfetzen tauchen auf, verschwinden wieder. Das Lachen von Schwester Katharina, Sylvias Blumendünger, Karls Parfum. Schließlich Johanna und ihre Frage nach seinem Schutzengel! Wenn ich einen habe, schießt ihm durch den Kopf, dann steht er gerade mit dem Rücken zu mir auf dem Balkon

und sieht den beiden Mechanikern im Innenhof zu, wie sie, heftigst streitend, dennoch einträchtig einen uralten Opel zerlegen.

Er weint viel während der ganzen Stunde, schluchzt und schüttelt sich. Doch das ist nur außen.

Nach der Behandlung schenkt Waltraudis dem wortkargen Max ein Stofftaschentuch und lässt ihn ziehen, ohne in ihn zu dringen, ob er nun klarer und leichter wäre. Wenn ihm danach wäre, könnte er sie ja anrufen.

Wieder auf der Straße, steht für ihn fest, dass er sofort ans Wasser muss. Also rollt er zur S-Bahn, um an den Ammersee zu fahren, bis in die Haarspitzen ausgefüllt mit einem Gefühl von jugendlichem Was-kostet-die-Welt, das er schon lange verloren geglaubt hat.

Kaum ist er an der Hackerbrücke, fährt die richtige S-Bahn ein. Er bleibt an der Tür stehen: Draußen zieht die vom Spätsommer vergoldete Landschaft vorbei. Sanfte Hügel und Wälder, in die der Herbst erste Skizzen gezeichnet hat. An der Endstation hat Max die Spalte zum Bahnsteig noch gar nicht bemerkt, da heben ihn zwei Burschen auch schon mit dem Rollstuhl hinunter.

Mich hat die Liebe ganz verwundet.

Mehrfach schießt ihm der Satz durch den Kopf. Er stammt von seinem Lieblingsheiligen: Filippo Neri, der Prophet der Freude, Schutzheiliger Roms. Vor sich den funkelnden See, beschließt Max, noch an diesem Abend mit dem Roman über Neri zu beginnen, den er seit Jahren mit sich herumträgt. Über diesen Menschenfänger mit dem übergroßen Herzen, der auf seinem Sterbebett voller Vertrauen in den nächsten Tag sagte: »Morgen werde ich mein Leben ändern.«

36.
An der Seite eines Menschen vergeht die Zeit rasend schnell: kurz vor Weihnachten, ein Jahr später.

Max kann nur noch wenige Schritte gehen. So bald wie möglich muss er umziehen. Die beiden Stufen vor der Wohnung schränken ihn zu sehr ein, selbst der Weg zur Haustür ist manchmal zu weit. An solchen Tagen überlegt er hin und her, ob er wirklich nach draußen muss, bis der Lagerkoller ihm die Entscheidung abnimmt und ihn trotz Sturzgefahr bis zur Tür treibt. In der steht er dann und bangt, dass ein Passant vorbeikommt, um ihm mit dem zusammengeklappten Rollstuhl zu helfen.

An besonders schlimmen Tagen aber, und diese nehmen zu, ist er selbst in der Wohnung überfordert, weil er nicht weiß, wie er eine Teetasse von der Spüle zu dem ein Meter entfernten Tisch bringen soll. Fällt er hin, ist er unfähig wieder hochzukommen. Die nächtlichen Spastiken sind häufig so stark, dass er die verkrampften Beine nicht aus dem Bett bringt. Mehr und mehr solcher Tage verbringt er komplett im Rollstuhl. Selbst die paar Schritte zu einem Taxi, die er irgendwie mit Krücken bewältigen würde, meidet er. Jahrelang hat er sich täglich bis an seine Grenzen gequält, oft genug darüber hinaus. Nun hat er mit dem Gehen abgeschlossen, ohne Wehmut.

Seine Leber hat Max vergessen, auch die Behandlung bei

Karl ist wegen dessen Praxis im ersten Stock eingeschlafen. Und trotz seines Versprechens hat er auch Waltraudis nie wieder angerufen.

Immerhin, er betet jeden Abend und macht am Morgen seine Qi-Gong-Übungen. Manchmal wie lästige Hausaufgaben, dann wieder mit jäh aufflammender Euphorie – aber er hält daran fest. Und fährt nach einem dreiviertel Jahr Pause wieder regelmäßig zu Charlotte, um sich auf ihre Feldenkrais-Liege zu legen.

Auf die Frage nach seinem Wohlergehen antwortet er nicht mehr »eigentlich ganz gut«, sondern kurz angebunden mit: »Passt schon.«

Max sieht aus dem Fenster in einen graukalten Dezemberhimmel.

Hoffentlich schneit es nicht wieder, sonst käme er überhaupt nicht mehr heraus. In einer Woche wird Toms Chor ein Konzert geben, Max hat schon für freie Straßen gebetet – und sich unmittelbar darauf geniert, weil er sich vorkam wie seine eigene Großmutter. Das Weihnachtsoratorium von Bach steht auf dem Programm. Sylvias Lieblingsstück, wie sie ihm gestern schrieb. Sie könne ihn nur leider nicht begleiten, da sie noch einen Monat in der Schweiz bei ihrem Heiler und Geliebten bleiben würde.

Es ist kurz vor drei. Gleich gibt es kein Zurück mehr.

Plötzlich bekommt Max Lampenfieber und versucht sich Kopfschmerzen einzureden. Aber es hilft alles nichts, Rob ist schon auf dem Weg. Und tatsächlich, kaum hat Max seine Handynummer herausgesucht, um trotzdem abzusagen, klingelt es.

Rob, ein durchtrainierter Mittzwanziger mit weiten, schlabbrigen Hosen und einem eng anliegenden T-Shirt, verweigert ein längeres Gespräch, läuft schnurstracks an ihm vorbei in die Küche und stellt zwei Stühle in den Raum. Über seine Beweggründe hätten sie ja schon ausführlich gesprochen.

»Nur vom Reden ist noch keiner Solist geworden!«

Max fügt sich. Schließlich hat er sich bei seinen Freunden weit aus dem Fenster gelehnt. Warum solle man nur mit den Beinen tanzen können, hat er grinsend in teils skeptische, teils begeisterte Gesichter gesagt. Ja, warum? – Jetzt gibt es definitiv kein Zurück mehr. Seine erste Ballettstunde beginnt. Er wird Tänzer.

Rob hilft ihm beim Umsetzen und schiebt den Rollstuhl in den Flur. Max atmet dreimal tief durch, so wie er es beim Qi-Gong gelernt hat. Schon ist Rob wieder da und setzt sich ihm gegenüber. Als Erstes zeigt er ihm die Grundpositionen. Aber noch bevor Max sich im Zuschauen einrichten kann, soll er sie nachmachen: erste Position. Aufrichten. Max hebt die Hände wie ein Schüler, der sich der Antwort plötzlich nicht mehr so sicher ist. Zweite Position, dritte – schon sackt er in sich zusammen. Er lacht schüchtern. Rob lässt sich davon nicht täuschen, sondern fordert ihn auf, es gleich noch einmal zu versuchen.

Max gefällt der Ernst, mit dem sein Ballettlehrer die Sache betreibt, und dass er ihm nichts durchgehen lässt. Und dass es endlich einmal nicht darum geht, gesund zu werden oder irgendetwas für seinen Körper zu tun, sondern einzig darum, eine ansatzweise flüssige Bewegung hinzubekommen.

Seine Physiotherapeutin Ute hätte bei jeder Dehnung angekündigt: Das ist jetzt gut für die Wirbelsäule und den Beckenboden! – Rob hingegen sagt nach einer kobragleichen Streckung des Kopfes nach hinten nur: »Jetzt weißt du auch, warum so viele Tänzer einen Bandscheibenvorfall haben.«

Schon nach einer halben Stunde spürt Max, wie sich sein Brustkorb geweitet hat. Mit zunehmender Begeisterung streckt er sich in alle Richtungen. Etwas ist in Bewegung geraten, auch wenn er noch nicht weiß, was daraus werden wird. Aber eines spürt er deutlich: Die Richtung stimmt.

Ist das nicht sonderbar, allein dadurch zu wachsen, weil man sich gerade hält? Und tausendmal besser ein Balletttänzer zu sein, der nicht tanzen kann, als ein routinierter Behinderter! In Zukunft werde ich mich nicht mehr hinter dem verstecken, was ich nicht kann. – Kaum hat Max den Gedanken zu Ende gebracht, fallen ihm die Arme herunter wie abgeschossene Tontauben. Rob lässt ihn ein paar Sekunden verschnaufen, bevor es weitergeht.

»Strecken! Strecken habe ich gesagt. Da, den Arm, so richtig! Bis hier, genau ... Ich weiß schon, dass das wehtut. Und schummel nicht dauernd!«

Er greift nach der Hand von Max und zieht sie in einer weiten, fließenden Bewegung nach oben.

Euer anstachelndes Lachen ist bis ins Schlafzimmer zu hören. Man kann gar nicht anders als mitzulächeln. – Nur lächeln, keine Verrenkungen. So weit kommt es noch, dass ich mich hier zum Affen mache.

Rob wird schon aufpassen, dass du nicht vom Stuhl fällst. Ihr zwei kriegt das erst mal auch ohne mich hin. Bei den Pirouetten komme ich dann wieder dazu …

Während du also drüben tanzt und schwitzt – mehr schwitzt als tanzt, aber egal –, sitze ich auf deinem Bett und krame in dem Karton der vergessenen Dinge: der Rosenkranz deiner Großmutter, ein Liebesbrief, unterschrieben mit einem schon fast verdrängten Namen, ein paar Kondome. Der Block mit dem Trosttagebuch … Wie ich dich inzwischen kenne, wirst du den Karton bei dem anstehenden Umzug peinlich berührt hervorziehen und schnell in eine Kiste stopfen. Damit die Helfer ja nicht sehen, was neben der Bibel noch unter deinem Bett verstaubt. (Ich habe übrigens schon eine Wohnung im Auge. Es wird nicht ganz leicht, die für dich zu bekommen, aber ich bleibe dran …)

Dein Trosttagebuch liest sich wie die umständliche Herleitung eines Physikers, warum der Apfel vom Stamm fällt. Kein Wunder, dass es dich irgendwann gelangweilt hat. Aber es war bestimmt hilfreich, das alles einmal durchgekaut zu haben. Einiges bleibt garantiert hängen …

Wie der allererste Eintrag, der wird alle Umzüge deines Lebens überdauern. Schon allein deshalb, weil du ihn auswendig kannst. In den letzten Jahren wurde er der Maßstab für alles. Es handelt sich dabei um die letzten Zeilen der unveröffentlichten Memoiren einer legendären Sängerin, an die du über Umwege gelangt bist. Sie schrieb einst: »Mit Disziplin und Geduld kann man alles erreichen. Wenn ich meinen Weg über die Berge fortsetze, dann deshalb, weil ich mit allen Kräften daran glaube, dass das Leben weitergeht – nicht wahr? – und dass es mit guten Gründen zu Ende geht.

Alles war eine gemeinsame und fortgesetzte Anstrengung, und glücklich.«

Dank

> Seit mich mein Engel nicht mehr bewacht,
> kann er frei seine Flügel entfalten
> und die Stille der Sterne durchspalten, –
> denn er muß meiner einsamen Nacht
> nicht mehr die ängstlichen Hände halten –
> seit mich mein Engel nicht mehr bewacht.
>
> Rainer Maria Rilke

Kaum etwas in diesem Buch ist erfunden. Dennoch habe ich mich bemüht, die realen Vorbilder für alle Figuren unkenntlich zu machen. Bis auf Max.

Bei dem klugen Buch, von dem Johanna schreibt (S. 54), handelt es sich um das leider vergriffene Werk des Soziologen Peter L. Berger: *Auf den Spuren der Engel. Die moderne Gesellschaft und die Wiederentdeckung der Transzendenz.* Das Zitat auf S. 72 stammt von dem christlichen Mystiker Jakob Böhme. Die auf S. 137 und S. 207 zitierten Verse sind dem Lied *Morgen* von Richard Strauss und John Henry Mackay entnommen. Die Heilung des Gelähmten mit der Tragbahre (S. 175) findet sich im zweiten Kapitel des Markus-Evangeliums. Die Mahnung, dass die Engel alles nach oben weitergeben (S. 179), ist dem Paragrafen 28 der *Benediktsregel* entnommen. Das Bild auf S. 182 mit dem Titel *Zwei Jünglinge bei Mondaufgang am Meer* stammt von Caspar

David Friedrich. Bei dem Lieblingsautor (S. 205) handelt es sich um Theodor Fontane, in dessen *Effi Briest* der Satz über die Unvermeidlichkeit von Hilfskonstruktionen steht. Die visionären Aussprüche des heiligen Filippo Neri (S. 214) finden sich in der Biografie *Philipp Neri. Prophet der Freude* von Paul Türks.

Mein tief empfundener Dank geht – der Einfachheit halber in alphabetischer Reihenfolge – an: Thea Albrecht, Max Bauer, Elisabeth Binder, Irmgard Brüggemann, Meister Chen, Otto Bong, Heike Drummer, Crescentia Dünßer, Udo Ebitsch, Britta Egetemeier, Katharina Faber, Wolfgang Ferchl, Familie Hemmelmann, Thomas Henseler, Angelika Heydner, David Höhn, Céline Genschke, Anke Göbel, Gertrudis Gohn, Marcel Kordes, Otto Kukla, Dave Laera, Katrin Lange, Philip Laubach-Kiani, Meister Li, Elisabeth Maier, Eva Mair-Holmes, Schwester Mirjam, Britta Mümmler, Thomas Packeiser, Susanne Plaßmann, Martin Pröstler, Tina Rausch, Pater Georg Maria Roers, Fridolin Schley, Barbara Schmid-Neuhaus, Tina Rausch, Alex Rühle, Hannelore Schlaffer, Christine Schneider, Gabriele Städtler-Goritzki, Schwester Teresa, Petra Thorbrietz, Alex Ursuliak, Beate Vollack, Christl Wein, Fabiola Zecha, Christian Zehnder. – Und an alle, die ich leider vergessen habe oder gar nicht kenne.

Es ist auch ihr Werk.

M. D.
München, im Sommer 2012